教育研究のための
質的研究法講座

関口靖広 著

北大路書房

はしがき

本書は，教育領域において質的研究をするための方法を解説するものです。質的研究法について，近年，日本語の解説書が多く出版されるようになりましたが，教育研究者によって書かれたものはまだ限られております。本書は，説明の仕方や事例の選び方にできるだけ教育関係者にわかりやすいことを心がけました。また，初学者に学びやすくするための工夫として，2部構成にしております。研究方法の習得は，理論をすべて学んでから実践に移る進め方よりも，実践と並行しながら必要に応じて理論を学ぶという進め方の方が適していると考え，「入門編」として初めに実践的な側面を中心に解説して，そこだけ読めば，研究の進め方の全体像がある程度見通せるようにしました。そして，理論的な議論は「各論編」として後半にまとめることにしました。

質的研究法に出会ったのは，私が米国のジョージア大学大学院に留学しているときでした。私のいた数学教育学の博士課程では，大学院生は全員，量的研究法と質的研究法の両方を習得することが求められており，1987 年秋学期（当時はクォーター制で，9 月から 12 月まで）に質的研究法の授業 Qualitative Research Methods in Education を受講することになったのがきっかけでした。このとき，その授業の担当者であった質的研究法の専門家ジュディス・プレイスル（Judith Preissle）教授に初めてお目にかかりました。日本の大学院に学んでいたときは，「方法論」を習得する授業が特にありませんでしたので，非常に新鮮でした。ただし，週 2 回で 1 回 2 時間 30 分の授業で，文献を読む宿題が多く苦労しました。プレイスル教授の著書はもちろん教科書でしたが，他にも多くの本や論文を読まなければなりませんでした。さらに，学期末までに，質的研究の小プロジェクトを立案・実施して，その報告書を提出しなければならず，きわめてハードなスケジュールでした。とはいえ，収穫も非常に多く，この授業を通して質的研究法の理論と実践の基本的内容を知ることができ，1989 年にはさらに進んだ内容の授業を，やはりプレイスル先生のもとで受けました。

プレイスル先生はジョージア大学に質的研究法のコースを開設し，質的研究法の研究会 Qualitative Interest Group（QUIG）の運営に携わり，当時，質的研究法の第一人者として忙しく活動されていました。そのおかげで私は自分の専門外にもかかわらず，QUIG の会議で，質的研究法では著名な方々の講演を間近で聞く幸運にも恵まれました。さらに，先生は私の学位論文の審査委員会の委員もお引き受けになり，研究の進め方についていろいろと助言をしてくださいました。

帰国して，日本の大学院で修士課程の学生に質的研究法を指導する立場になったとき，一番困ったのが，質的研究法の教科書でした。大学院生に適当な日本語の教科書が当時はほとんど見つかりませんでした。そこで，大学院生向けに日本語で質的研究法の平易なテキストを自作することになりました。また，私の研究仲間にも使ってもらえるように，大学での自分のウェブサイト（http://web.cc.yamaguchi-u.ac.jp/~ysekigch/）に「数学教育のための質的研究法講座」を開設し自作のテキストをアップロードしました。これが，本書のもとになったものです。その後，研究仲間からの励ましを受けて，他大学の集中講義や研究会でのワークショップで質的研究法の解説をする機会にも恵まれ，大学院生だけでなく，研究者にも役立つようにと，ウェブサイトのテキストの内容もだんだんと充実させていくことができました。内容が増えるにつれて，数学教育以外の研究者の方々からも，「講座」にメールをいただくようになりました。そこで対象を「教育研究」一般に広げることを考え，サイトの名称を「教育研究のための質的研究法講座」に改めて，内容を変更する作業を今日まで続けるに至っています。本書は，これまでウェブサイトに公開してきた内容を，改訂してまとめ直したものです。

第Ⅰ部入門編では，質的研究法の具体的な進め方を中心に解説しました。初学者にワークショップ形式で実習と組み合わせて指導する場合を念頭において，おおよそ研究を進める順序で具体的手順や注意事項を論じています。できるだけ専門用語を使わないで，わかりやすく説明することを心がけました。初学者の方は，とりあえず，第Ⅰ部だけ通読して，質的研究の大まかな流れをつかんでから，自分の研究のために質的方法をどのように生かせるかを検討されたらよいと思います。第Ⅱ部各論編は，専門用語も多く使われていますので，習得の進展に合わせて，必要に応じて関心のあるところを読むようにすればよいでしょう。本書を初学者向けテキストとして使用される場合は，第Ⅱ部は，指導者の方が必要に応じて講義する部分になるかと思います。

上述の通り，私の専門は数学教育学です。それゆえに，具体的な事例に，算数・数学教育のものが比較的多くなっていますが，できるだけ他教科の教育や教育一般に通じるような記述をすることに努めました。本書が，教育研究における質的アプローチの理解と普及になんらかの形で貢献できればと思います。いろいろ至らない点を多く残しておりますが，それらは，他の研究書や論文で補っていただければと思います。私自身も今後さらに広く知見を取り入れて改善に努めていきたいと思っています。

最後に，質的研究法へ私を導いてくださったプレイスル先生にこの場を借りて改めて感謝の意を表します。先生から学んだことをなんとか形にしたいという思いが，本書執筆の大きな原動力でした。また，質的研究法のウェブサイトを通じてご質問・ご意見をお寄せいただいた方々にも感謝申し上げます。いろいろな専門の方々からコメントいただき，改めて質的研究への関心の高まりを実感し，同時に，サイトを運営する責任の重さを感じました。また，私の質的研究法の授業やワークショップに参加してくださった研究者や院生の方々には，私の試行錯誤に辛抱強くつきあっていただいたうえ，多くの励ましをくださり，深く感謝申し上げます。特に，筑波大学の清水美憲先生には，授業の国際比較研究 Learners' Perspective Study（LPS）に参加させていただき，研究方法論についての私の理解を深める大きなきっかけを与えていただきました。本書に LPS の日本側データを一部使用することも快諾いただきました。厚く御礼申し上げます。最後に，本書の出版を提案していただいた北大路書房の奥野浩之さんに心より感謝申し上げます。当初の出版予定より大幅に遅れてしまったにもかかわらず何度も温かい励ましをいただきましたこと，まことにありがたく存じます。

2013 年 5 月　　　関口　靖広

もくじ

第Ⅱ部　各論編

第Ⅰ部

入門編

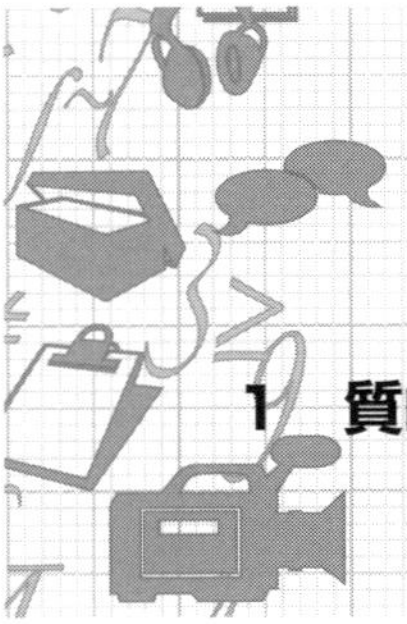

第Ⅰ部…入門編

1　質的研究法：どのような問いを探究するか

入門編では，研究経験があまりない方を対象に，教育現象の質的側面の研究の進め方についてその概略を述べます。より専門的なこと（理論，テクニック，文献等）は，各論編で論じたいと思います。

研究課題と研究設問

端的にいって，研究というものは，さまざまな現象についての私たちの理解を深める活動です。本書で扱う現象は，教育に関わるものです。教育は，カリキュラム，指導法，学習過程，教材，生徒指導，教育史，テクノロジー，教師教育，学校経営等々とさまざまな領域にわたっており，膨大な数のトピックがあります。研究を進める者は，どこかに研究の焦点―研究テーマ―を定めなければなりません。漠然としたテーマからしだいに焦点を絞っていき，疑問，不確かさ，困難，ギャップ，矛盾等，解決すべき問題として表現した「研究課題」(research problems)，あるいはそれらを具体的な問いに定式化した「研究設問」(research questions）を決めて，その答えを探究していくことになります。具体的に考えるため，学校教育に関する今日的で身近な問いをみてみましょう。

問題１　百ます計算は計算力を向上させるのか？
問題２　「活用」問題はどうして難しいのか？
問題３　どのような発問をすれば，生徒に反省的思考をうながせるか？
問題４　習熟度別の授業は実際にはどのように進められているのか？

問題５　小集団における問題解決活動を効果的に進めるにはどうしたらよいか？

問題６　授業でのICT利用は数学学習をどのように変えるか？

問題７　今日の中学校の数学では宿題があまり出されなくなっているという。これはなぜか，どう改善したらよいか？

問題８　学習塾などでいわれる「先取り学習」はどういう効果があるのか？

これらは，かなり一般的で漠然としており，このままでは，まだ問題が大きすぎて手に負えないし，どこから手をつけていいのかもわかりません。そこで，関連する研究文献を調べたり，関連する研究をしている人たちと情報交換したりして，自分の追究したい問題をさらに，限られた期間と得られる支援の範囲で研究可能な形へと絞り込んでいきます。

量的アプローチ

教育研究にはいろいろなタイプのものがあります。従来から非常によくみられるものに，以下のようなタイプの研究があります。

①単純な調査

㊐　中学生の数学に対する態度を調べるために，ある地区の中学生全員に質問紙調査を実施した。「数学は大嫌い」ないし「数学はどちらかというとあまり好きではない」と答える生徒が何パーセントいるかがわかった。

②相関関係の調査

㊐　ある中学校の生徒全員に電卓・コンピュータの使用についての質問紙調査を実施した。電卓・コンピュータの使用に対する態度と数学の成績との間に負の相関関係が認められた。

③実験（正確には，準実験と呼ばれる）

㊐　数学のある内容についての新しい指導法を考案し，その効果を調べることを計画した。そこで，新しい指導法が従来の指導法より効果があるという仮説を検証する実験を実施した。ある学校の生徒全員に事前テストを行い，２つのクラスA, Bがほぼ同等の学力をもつことを確認した。クラ

スＡは実験群とし，新しい指導法で数学を１か月指導した。クラスＢは対照群とし，同じ期間を従来の指導法で数学を教えた。１か月後，学習内容について事後テストを両クラスで実施した。実験群と対照群との間で事後テストの平均値の差を検定した。有意水準5%で両群の平均値の間に有意差が認められることを見いだし，新しい指導法が従来のものより高い教授効果をもつと結論した。

これらはいずれも，教育現象のある側面を「変数」としてとらえて数量的データを収集し，統計的分析をすることによって当該の教育現象を理解しようとするアプローチをとっています。このアプローチは，数量化に特徴があり「量的アプローチ」(quantitative approach) と呼ばれています。これは，研究手続きに高い客観性が得られることや，統計的手法によって一般性が根拠づけられることなどの利点があるといわれています。

しかしながら，量的アプローチによる研究では，変数の値，および，変数間の関係を確定することが中心になります。その結果，当の教育現象を生み出しているメカニズムやプロセスについては，組織立てられたデータ収集や分析がなされずに論文の最後の「考察」あたりで，常識的な判断や調査のときに少し見聞きした「逸話」から憶測を述べる程度にとどまることが多いのです。したがって，たとえば，

- 数学を嫌うという見方がどういう過程を経て生み出されるのか？
- 数学の成績のよい生徒が電卓・コンピュータの使用に消極的になるような状況はどのような背景に支えられているのか？
- 新しい指導法を生徒たちはどのように受け止め，生徒たちはどのように取り組み，その過程で生じたどのようなことが，成績の向上という形に結びついたのか。従来の指導法の授業の過程で生じたことと決定的に違うのはどういう点なのか？

というような問いに対しては，まともに証拠づけられた説明がなされないのです。量的アプローチの研究では，教育現象を生成・維持・変容させているプロ

セスの中身については理解が表面的なままに留まる傾向があるのです。これでは，これらの研究の背景にある教育的な課題，数学を嫌う見方が形成されるのを抑止するにはどの過程を改めたらよいのか，生徒が電卓・コンピュータの使用に積極的になるためにはどういう環境を整えなければならないのか，従来の指導法のどこをどう改めていったらよいのか，などに応えられる知見は得られないでしょう。

質的アプローチ

本書では，教育現象を生成・維持・変容させているプロセスの中身―質的な側面―を組織的に探究する研究法を論じます。これは，文化人類学，社会心理学，臨床心理学等の研究の伝統の中から生み出された研究方法で，「質的研究法」（qualitative research methodology）または質的アプローチと一般に呼ばれています。そのアプローチには現在，おもに次のような名称で呼ばれているものが含まれます。

- エスノグラフィ（民族誌的アプローチ）
- ケース・スタディ（事例研究）
- ナラティブ・リサーチ
- エスノメソドロジー
- グラウンデッド・セオリー・アプローチ
- 教授実験
- デザイン実験（デザイン・リサーチ）
- アクション・リサーチ

1980年代から教育研究者の間で，教育現象を社会的・文化的現象としてとらえ，社会的・文化的状況に置かれた人間の複雑な営みのありようを「数量」や法則に還元せずに理解しようとする動きが活発になり，それが質的アプローチとして発展しました。日本の教育界においても，近年，質的アプローチに関する出版物が多くなり，質的研究論文も増えています。

質的アプローチにはさまざまな系統がみられますが，共通する特徴として大きく4つあげられるでしょう。

①当事者にとっての意味への志向

当事者がつくり出している意味の世界を浮かび上がらせるようなデータを取ろうとします。数量化できるデータだけに限定はしません。また，データを解釈する研究者自身の枠組みを絶えず省みることが求められ，あらかじめ用意された仮説の検証だけにとらわれず，新たな仮説や理論の生成をめざします。

②自然な状態におけるデータへの志向

当の現象が起こる現場において，その自然な形において観察し，直接的データを得ようとします。人工的な実験やアンケートだけに頼りません。

③全体論的理解への志向

当の現象をそれを取り巻くさまざまな状況・脈絡の総体の中に位置づけてとらえようとします。当の現象に関わる人々の見方，感情，行動を形づくってきたさまざまな状況・脈絡の間の複雑な関係を理解しようとします。

④データ収集方法の柔軟性・多様性

観察，インタビュー，質問紙，資料や事物の収集など多様なデータ収集手段を柔軟に駆使して，当の現象についてさまざまな角度から理解を試みます。

ただし，質的アプローチは，量的アプローチを否定するのではなく，量的アプローチを補完する役割をもつ，あるいは，逆に量的アプローチは質的アプローチを補完する役割をもつ，と考えてください。量的アプローチは多くのサン

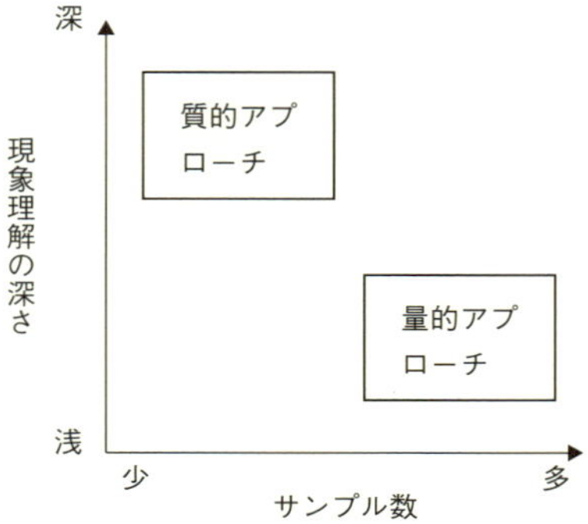

図1-1　質的アプローチと量的アプローチの関係

プルを一度に扱うことができますが，他方，質的アプローチでは，比較的少ないサンプルしか一度に扱えません。その代わり，量的アプローチでは，現象理解は表面的なレベルにとどまり，他方，質的アプローチでは，現象への深い理解が可能になります。

質的アプローチにおける問い

質的アプローチがどんな問いを探究するのか，もう少し具体的に考えるために，最初にあげた８つの問題を考えてみましょう。問題１「百ます計算は計算力を向上させるのか？」は「学力低下論争」が世間で話題になっていたころ，しばしば議論されました。百ます計算を実践するクラス（実験群）と百ます計算ドリルでなく通常の計算ドリルをするクラス（対照群）を比較する実験をすれば決着がつくと思えるかもしれません。しかし，現場教員の実践では「計算力」が向上した場合とそうでない場合とさまざまな報告があり，賛否両論です。どうして効果が分かれるのでしょうか。一般論として，どんな指導法も個々の子どもの状況に応じた工夫がなければ効果は期待できません。たとえば，計算の仕方や意味を理解していない子どもが多くいる段階で計算ドリルを課しても効果が上がらないことはよく知られています。また，百ます計算では通常１桁の数同士の計算が行われますが，計算力を議論する際には，２桁以上の数の計算も含めなければなりません。２桁以上の数の計算では，１桁同士の計算だけでなく筆算の仕組みや繰り上り，繰り下がりの理解が必要になります。そのいずれが欠けていても正しく計算ができる範囲は著しく限られてしまいます。「計算力」には，百ます計算が関わる技能よりも幅広い数学的な能力が求められます。子どもの「計算力」向上を調べるには，特定の指導技術だけでなく，計算に関わる子どもの学習状況の全体を視野に入れて分析する必要があります。

問題２は，近年，PISA（OECD 生徒の学習到達度調査）や文部科学省の全国学力・学習状況調査において出題される「活用」問題に関するものです。多くの生徒にとって活用問題は難しいとされ，基礎的な問題に比べて正答率が全般に低く，無答率も高いことが報告されています。では，どうして正答率が低く無答が目立つのでしょうか。生徒たちは活用問題に実際はどのように取り組むのか，児童たちが活用問題にどういう意味を与えているのか，数学の問題を解くということは生徒たちにとってどういう位置づけをもっているのか，生徒たちはどうして「無答」という回答をするのか。数学の問題は他の教科の問題や日常生活で出くわす問題とどのように異なる特徴をもつのか，教師が行う活用問題についての説明を児童はどのように受け止めるのか，教師は生徒たちがどう理解していると考えているのか，などの点を押さえておくことが重要になります。

問題３を考えてみましょう。児童・生徒に「考えさせる」発問は，「ソクラテスの対話」以来，教育者によくとりあげられる話題です。教師側の問いかけや問題提示が生徒の思考の深まりに重要な役割を演じうるという考えは，教育の基本的前提なのでしょう。また，発問や問題提示は教師が最も工夫しやすい部分とみられているからでしょうか，教師の関心が高い問題でもあります。この問題の場合，いくつかのタイプの発問を考案して実験的授業を実施して実験群のクラスと対照群のクラスの「反省的思考」の生起の頻度を比較して調べただけでは，質的研究にはなりません。そういう表面的な分析を越えて，生徒たちが自分自身の考えたことや感じていることについて「ふり返って」みるのはどういう状況においてなのか，どうしてふり返りをしたのか，を問い直してみる必要があるでしょう。また，教師の「発問」がどういう状況でどのような働きを実際にしているか考え直す必要があるでしょう。同時に，教育関係者の専門用語「発問」で一つにくくられる行為が生徒にとってどう受け取られているのか，教師側が「発問」とひとまとめに考えている行為は，生徒にとって「同一のタイプ」の行為として意味をなしているのか，ということも見直すとよいでしょう。ちなみに，教師の「発問」の多くが教室では特別な意味をもっていることは，質的研究においてすでに明らかにされています。たとえば，授業で教師が生徒に問いを発するとき，生徒たちは「その問いには唯一の『正解』があり，先生は『正解』を知っていて質問している」と考えている場合が非常に多いのです。学校外の日常生活の場面のように質問者自身も「正解」を知らない状況で問いを向けられることは圧倒的に少ないのです。

問題４は，「学力格差」が問題化している今日，習熟度別の学習が教育現場でどのように進められているかは，大切な問題の一つです。一斉指導の長い伝統をもつ日本の公立学校において，その導入は容易ではありません。比較的うまくいっていると思われる学校やそうでない学校，さまざまでしょう。実施形態，実施時間数，指導計画のような公文書に書かれているレベルの理解を越えて，教育現場で学校ごとにどのような検討の過程を経て「習熟度別学習」が年間計画に組み入れられていくのか，それがどのように実施されるのか。「習熟度」とはどう理解され，現場ではどう決定されるのか。「習熟度」は生徒にどのように理解されているのか，それに基づいた学習はどのような効果を生み出しているか。そして，習熟度別学習が「効果的」に機能しているとされる学校は，どうしてそうなのか。「効果的」に機能していないなら，どうしてそうなのか。実際に実施している学校を訪れて調べることが必要です。

問題5は，問題解決学習などの研究でよく取り上げられるものです。小集団学習は，個別学習ともクラス全体の話し合いとも異なる性格をもっているといわれます。どうしてでしょうか。もちろん，小集団を利用する授業場面，小集団の組織の仕方，小集団内の人間関係，取り組む課題の性質，教師の役割，小集団同士の関わり方などによって小集団問題解決の様相はさまざまになりうるでしょう。クラスに35人の生徒がいるとすると，3～4人ごとに小集団をつくると9グループほどできます。各グループの中ではさまざまなことが展開する可能性があるので，これらを効果的に指導する教師も大変であり，そこで起こっていることを観察・分析するのも工夫がいります。だからといって，生徒がアンケートなどに書く感想や生徒のテスト成績だけで，教育効果を判断したのでは質的研究としては不十分です。小集団での問題解決活動にはどのようなプロセスが生じているか，小集団の中で生徒たちがどのようなやりとりをしていたのか，小集団内のやりとりが生徒個人およびその小集団全体の活動，および取り組んでいる問題の解決に対してどのような意味をもちどのような働きをしているのか，教師は個別指導の場合とは違った仕方で小集団の生徒に接しているのか，教師は小集団との間にどういう関係を形成しているのか等を，小集団学習を実際に観察して調べる必要があります。

問題6は，これからの教育で不可欠なICT（Information and Communication Technology，情報通信技術）について考えるものです。ICTは，数学の道具としてはきわめて強力なものです。活用の仕方によっては従来の数学の指導や学習のあり方を大きく変える可能性をもっています。ICT 導入が日新しいうちは，研究よりも，それら ICT のさまざまな機能や ICT を活用した授業事例の理解が中心になりがちです。しかしながら，授業での ICT 活用が日常化しつつある今日，指導や学習の実際のプロセスの中で ICT が認知的，心理的，社会的な面でどのような役割を演じているのかを分析する必要があるでしょう。たとえば，今日学校教育に導入が進められている電子黒板や電子教科書に対しては，多くの議論が出ています。このような新しい道具や環境が教室での学習にどのような変化をもたらすのか。あらかじめ意図した効果の有無だけでなく，どのような副産物をもたらすか，総合的にとらえる必要があります。

問題７については，TIMSS1999 ビデオスタディ（Hiebert et al., 2003）において，日本の中学２年生の数学の授業では，授業の 36％でしか宿題が出されておらず，他の国々と比べて著しく低いと報告されています。３回に１回程度の割合でしか宿題が出されないということは，他の報告や現場教師からの個人的な話とも符合しています。数学の授業時間は先進国の中では多いほうではなく，授業時間以外の学習は重要な役割を担っていると考えられるのに，宿題がこんなに少なくてどうして学力が国際的に高いのか，教師の側に宿題についてどのような意識が働いているのか，宿題をどのように授業で扱っているのか，宿題の量や回数についてどう考えているのか，宿題をやってこない生徒にどう対応しているのかなどを調べる必要があるでしょう。そして，他方，生徒の側は宿題についてどういう考えをもっているのか，宿題に実際どう取り組むのか等を調べる必要があるでしょう。現場の教師からよく「宿題を出しても生徒はあまりやってこない」という声を聞きます。宿題が何回出されたかということだけでなく，生徒が実際，宿題にどれだけ取り組んだのか，授業外でどれだけ授業での学習内容について取り組んだのか，ということを見きわめていく必要があるでしょう。

問題８は，学校教育というより学校外の学習に関わるものです。日本の教育を考えるとき，塾や家庭教師の役割を無視することは現実的ではありません。欧米の教育では塾や家庭教師は大きな役割をもっていないので，欧米の研究者たちには，日本の子どもの高い学習達成度は学校外の塾や家庭教師によって押し上げられた結果ではないかと考える人たちも多く，日本の授業を参観した際などに,「何人くらいjukuに行っているのですか」と質問してきたりします。「先取り」学習自体は，中高一貫の私立学校では，よく行われていますが，ここでは，学習塾での「先取り」学習を考えてみましょう。学習塾の広告によく「小学生でも中学校や高校の問題を解いています」というような宣伝文句を見ます。近所の小学生が，二次方程式を解いているというような話を聞けば，保護者の中には「うちの子は学校の算数しかやっていないけど,大丈夫なんだろうか？」と焦りを感じる方もいるでしょう。特に「ゆとり」教育批判で学校の学習内容の低下が声高に指摘されていた時期なら，保護者はいっそう不安を感じたでしょう。

そもそも公立の学校で十数時間の計画で指導する単元の内容を，数回の学習で先取りして習得できるなんて可能でしょうか。塾を見学させてもらったり，塾で働いてみて，塾の教材や二次方程式を解いている小学生の様子に関する情報を得る必要があります。塾講師の話も聞く必要があるでしょう。小学生にもわかるように二次方程式の意味やその解法をどのように導入しているのか。小学生はどういう理解をして「二次方程式」の問題に取り組んでいるのか。さらに，難しいですが，塾に現在行っている子どもではなく，塾に行くのをやめた子どもたちの話を聞けたら，貴重な洞察が得られるかもしれません。そして，本質的な問い，中学校に行けば誰でも習う内容で，そのときにしっかり勉強すれば身につくはずの内容を，小学生でやるメリットは何か，に答えていく必要があります。

教育現象は複雑です。そして，教育現象の質的側面をとらえる研究は，「教育現象の当事者たちがつくり上げている世界」という見えにくい側面を扱い，また，記述の仕方も量的アプローチの研究とはかなり異なります。それゆえに，特有の工夫や訓練が必要になります。次章からは，そのための基本的手順を体得する過程を段階的に紹介します。

第Ⅰ部…入門編

2　研究の開始：研究日誌をつける

この章からは，質的研究法の基本的考え方と手順を，おおよそ実際の研究の進め方に沿って解説します。研究法は実際に使ってみながら理解するものです。大学・大学院で質的研究法習得のためのセミナーをする場合には，それと平行して，各参加者がそれぞれ質的研究法を用いた小さい研究プロジェクトを企画して実施することを強くすすめます（たとえば，箕浦，1999）。

研究課題を思いめぐらし始めたときから，すでに研究は始まっています。研究日誌（research diary）をつけ始めましょう。手頃なB5版程度のノートでも，または，ノートパソコンに記録してもかまいません。私がジョージア大学で師事したプレイスル（Judith Preissle）先生が，質的研究法の授業の最初で受講生に対して次のような要求を出されたのを覚えています。

「まず皆さんには研究日誌をつけることを要求します。たった1パラグラフでもかまいませんから，とにかく研究について毎日書くようにしてください。」

研究日誌は，研究を始めてから終了するまで，できるだけ頻繁につけるようにします。書く内容は以下のような事柄です。

1. 記録の日付

研究日誌は，質的研究の論文にデータとして引用することもあります。いつ得られたデータなのか日付を必ずつけます。より詳しくつける必要があるときは，時刻も記載してください。

2. 研究課題，研究方法，データ収集の計画，分析の方法，研究のまとめ方等についての考察

思いつきやそれらの修正案，本や論文を読んで参考になったこと，同僚や研究協力者と議論して得たことなどもどんどん書き留めていきます。この部分は，最後に論文にまとめるときに役立ちます。

3. 研究の進め方についての考察

研究が進んでいく中で，これまでの進め方の見直し点や次にやるべきことなど，検討したことを書いていきます。「明日の観察はどこでするか」「明日は誰にインタビューするか」「明日のインタビューで何を聞くか」等々，日々の検討を記録していき，研究全体の流れを常に把握するようにします。

4. データの記述やデータの分析

データ収集が始まったとき，収集したデータは，5章で述べる観察ノートだけでなく研究日誌に記録してもよいでしょう。そして，得られたデータについての自分なりの考察を書き留めます。データ収集が始まったころは慌ただしいかもしれませんが，初期のころの洞察は新鮮で貴重なものです。必ず書き留めておきましょう。

5. 個人的経験とその考察

研究を進めながら，個人的に感じたことを記録します。研究を進めていく中で成功，失敗，トラブル，反省など個人的にさまざまな経験をするでしょう。それらを記録し，なぜ失敗したのか，自分を正当化しすぎて解釈が一人よがりになっていないか，対人関係にどう配慮したらよいか等々の考察を書き留めていきます。通常の日記とは異なり，単に自分の思いを綴ったり不満を書きなぐったりするのではなく，冷静に研究者としての自分のあり方を見つめます。こうすることによって，データ収集作業を円滑にしたり，データ解釈の偏りを是正することができます。

手書きの研究日誌の場合には，後で思いついたことや訂正を書き込めるよう

に，右側に数センチメートルの余白をつくって余裕をもたせて書きましょう。また，必ず，片面だけに書くようにしましょう。研究日誌は，5章の「観察ノート」とあわせて，データ分析のときに利用します。ノートの両面にデータが書いてあると，分析作業が煩雑になります。たとえば，分析のときに，日誌の中のデータのあるページに付箋を貼って目印をつけたりします。このときに，ノートの表と裏の両方に貼ったりすると，データの検索がスムーズにできません。もしも両面に書いてしまった場合には，後で，片面ずつコピーをつくって綴じる作業をすることになります。パソコンにファイルしている場合は，プリントアウトをするときに，これらのことに注意してください。

3　研究手続きの検討

質的研究では，教育現象を構成している当事者たちの世界の理解を最も重要視します。そのために，教育現象の現場に行き，当事者たちの行為や会話，彼らをとりまく周囲の状況や文化についてのデータを収集します。これは，文化人類学の用語でいうところのフィールドワークに相当します。

フィールドワークに用いられる手法にはいくつかの種類があります。質的研究に利用されるおもなものを下にあげます。複数の方法を併用して，さまざまな角度から研究を進めることが望ましいでしょう。

観　察

観察はフィールドワークの最も基本的な手続きです。当事者たちが通常の活動の場で行っていることを直接に観察してデータを得るものです。教育研究の場合，たとえば，教室の後ろで参観し，通常の授業の中で生徒や教師が話したり作業したりしているときに見たり聞いたりしたことを記録して，生徒の実態をとらえようとするのは，観察による典型的な研究です。質的研究の場合，当事者たちの通常の活動の場での観察が重要になり，そこからかけ離れた特別の実験室などに当事者を連れて来て観察することはあまりしません。というのは，そういう特別な場所に来てしまうと，状況が大きく変わるため当事者たちは通常とは異なる行動をとる可能性が高くなり，彼らの通常の行動をとらえることにならないと考えるからです。同様の理由で，当事者たちの通常の活動の場に特別な手を加えることもあまりしません（後述の「実験」の場合は別です）。

観察の利用は，文化人類学において長い伝統があります。1910 年代に文化人類学者マリノフスキーが，パプア・ニューギニアのトロブリアンド諸島の文化を調査するために実際に現地人に混じって長期間生活して現地の社会生活を直接に観察するという方法をとったことがその重要な契機であるといわれています。マリノフスキーのように調査対象である現地の人々の日常の社会的活動に観察者が参加して行う観察は，特に「参与観察」（participant observation）と呼ばれています。教育研究の場合，たとえば，学校現場に行き，そこの教師の一人，補助員，あるいは「生徒」などの役割を演じて学校内の活動に関わりながら，学校内で日常的に起こっていることを観察することは，参与観察にあたるでしょう。学校外では，たとえば，数学教育研究者のミルロイ（Millroy, 1992）は，大工職人の行う数学的活動を調べるために，南アフリカの町工場で大工職人と一緒に働きながら観察をするという典型的な参与観察を行っています。当事者の日常の活動への参加の度合いが低い観察は，「非参与観察」（non-participant observation）と呼ばれることがあります。教室の後ろの方に拠点を置いて授業を参観し，通常の授業の中で生徒や教師がどういうことを話したり作業したりしているのかを記録しているような場合は，非参与観察といってよいでしょう（図 3-1）。

参与観察は，当事者たちの活動に深く関わるため，それについてかなり詳細で正確な情報が得られる利点があります。しかし，反面，得られる情報の範囲や質が限定されてしまう問題点もあります。たとえば，学校内で教師としての役割をもつ場合には，教師としての仕事に忙殺されて肝心の観察やその記録に集中できなくなる危険性があります。授業観察も自分の受け持つ授業だけに限定されるでしょう。また，教師として学校内でふるまう場合，生徒たちは観察

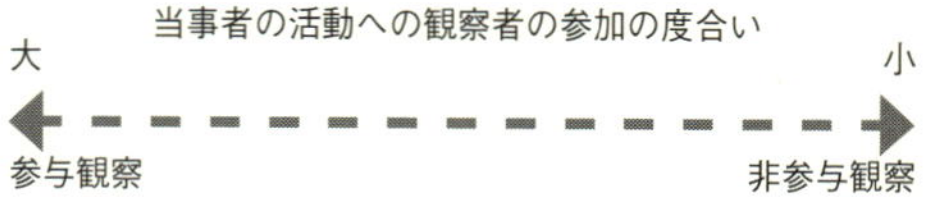

図 3-1　観察者の参加の度合い

者に対して「先生に見られているとき」の行動や会話しかみせない可能性があります。「先生が見ていないとき」の生徒たちの様子は観察が難しくなるでしょう。

他方，非参与観察の場合は，参与観察ほど当事者に密着した情報は得られないかもしれませんが，より多くの機会と広い範囲で情報収集が可能になり，全体像をとらえやすくなる利点があります。また，当事者たちについてのより詳細な情報は次のインタビューなどの方法と組み合わせることで補うことができます。

このように，当事者の活動への観察者の参加の度合いに応じて，長所と短所が異なります。マリノフスキーの時代は，参与観察が画期的でしたが，参与観察が最もよいというわけではありません。それぞれの利点や限界を踏まえて，観察方法を計画することが大切です。学校現場と大学の研究者の共同プロジェクトの場合などでは，プロジェクトチームの中に，参与観察をするメンバーと非参与観察をするメンバーの両方がいるようにして，それぞれの長所を活かし短所を補うように組織し，チーム・ミーティングで双方の意見交換を図るという研究も多くみられます。

当事者たちの活動に関わると自然と，当事者たちと会話を交わすことになるでしょう。その場合は，インタビューの手法を利用して，当事者に質問したりすることもあります。これについては，次項で論じます。

以前は文化人類学の研究では，観察の記録は，観察者がノートに書き留めるだけのものでしたが，今日では，オーディオ・レコーダやビデオカメラ・レコーダなどの機器を利用することができます。

インタビュー（面接）

インタビューは当事者たちに直接会って話を聞く方法です。会話という誰もが日常的に行っている営みを，当事者たちの世界に関する情報を得る手段として活用するのです。教師や生徒たちと個別にあるいは数人同時に会い，彼らの考え方や意見を調べるというようなインタビューを中心にした研究は多くあります。生徒数人を集め，数学の問題に取り組ませた後で，その解き方，数学についての見方，授業の理解について話を聞く場合などはそうでしょう。また，授業の研究などでは，上述の観察と組み合わせて実施し，授業観察とともに授業に参加した教師や生徒たちをインタビューしたりします。

当事者たちの世界に関する情報を得るために，臨機応変に会話の機会を活用することが肝心です。それゆえ，質的研究におけるインタビューの形式はさまざまです。インタビューでよく知られている形式は，インタビュアーが質問項目をすべてあらかじめ準備して対象者と別室で会い，準備したとおりに質問をしていくものです。この方法は，後述の質問紙調査に近いものです。これは当事者の回答を効率的に収集する方法として，インタビューによるアンケート調査として利用されています。しかし，質問項目をあらかじめ決めてしまっているため，当事者たちの回答をインタビュアーの枠組みに無理にあてはめてしまい，当事者たち独自の見方や感じ方の枠組みがみえなくなる危険性もあります。

それゆえ，質的研究では，質問する事柄についておおざっぱな計画は立ててインタビューに臨んだとしても，相手の話しの流れに応じて質問の項目，順序，形式を柔軟に変えて進めるのが一般的です。インタビューの最中に，研究に関わる重要な話題が相手から出てきたら，インタビュアーは当然，そのことについてより詳しい情報を得ようとして，その話題をめぐる会話をさらにうながすようにするでしょう。その結果，予定していた質問項目を次回にまわしたりするでしょう。また，研究に役立たない話が続くときは，さりげなく別の話題に移るようにするでしょう。

インタビューのための特別な場所やまとまった時間がいつも確保できるわけではありません。授業中の机間指導のときの短い会話，廊下での立ち話，昼食を一緒に食べながらの会話，あるいは電話での会話のような形式ばらない機会もインタビューとして利用します。むしろそういう機会を利用したほうが，当事者たちのいつもの考え方や感じ方が現れやすい場合もあるものです。

相手の話を刺激するようなものを用意してインタビュー中に利用することもよくあります。心理学のロールシャッハテストや自由連想テストのように結果の解釈に専門的訓練を必要とする道具は教育の研究ではあまり使われません。教育の研究の場合は，インタビュー中になんらかの作業（たとえば，数学の問題に取り組ませたり，いろいろな図形を分類させたり）などをしてもらいながら話を聞くことがよくあります。また，相手のあるいは誰か他の人の答案を示してそれについて考えを述べてもらったり，授業のビデオを見ながら授業のときに考えていたことを話してもらったりすることがあります。回答の仕方も，言葉で表現するばかりでなく，絵や図に表現してもらう場合もあります。これらは，抽象的な質問の内容をより具体性をもたせて明確に伝えたり，相手の話を焦点化したり具体化したり，記憶が定かでないことを思い出させたり，相手に内省をうながしたりするのに役立つことがあります。

記録の方法については，会話が中心となるので，ノートの他にオーディオ・レコーダを利用することもあります。インタビュー中の活動，表情やしぐさも重要なデータになるため，ビデオカメラを利用する場合もあります。

質問紙

質問紙調査は，ある事柄についての理解，感じ方，意見の様子を，大人数について同一の形式で調べたいときに役立ちます。質問紙を配布して個別に回答してもらうのが一般的です。質問を口頭で説明する必要がある場合や回答が言葉でうまく表現しにくいような質問の場合は，インタビューをしながら質問紙に応えてもらう場合もあります。

質問の形式については，インタビューの場合と同様な配慮が必要です。アンケート調査のように，複数の選択肢の中から選ばせるような回答形式をもつ多肢選択型の質問形式は，回答の集計や分析がかなり効率的にできる利点があります。しかし，他方，調査者があらかじめ回答の仕方を準備しているために，回答者の考えがその調査者の枠組みにむりにあてはめられたり，調査者が関心をもつ特定の方向に回答者が誘導されたりする危険性があります。当事者たちの世界についてかなりの理解をしたうえで，当事者たちの枠組みを十分に反映した形で選択肢を考案することが重要になります。

もう一つの形式は，自由回答型で，「……についてどう思いますか，あなたの考えを聞かせてください」というような，オープンエンドな質問形式をもつもので，回答の形式がかなり自由なものです。これは，回答者自身の考えをより忠実に表現しやすいこと，回答の理由や背景についての情報が得やすいなどの利点があります。もちろん，分析は多肢選択型ほど単純ではありませんし，回答者に考えたり記述したりする負担がかかるので，回答者が積極的でないと内容のある回答が出てこなかったりします。

資料の収集

資料の収集が研究の中心的方法になることは少ないのですが，当事者たちが生み出した資料や彼らに関する資料を収集することは，質的研究では大切になります。たとえば，学校の授業に関する研究でいえば，使われている教科書やワークブック，教師のつくったプリント，教師の指導案，生徒のノートやテストの答案，生徒の成績，学級通信，教室や廊下にある掲示物や展示物，設備，学校要覧などは，間接的ではありますが，授業について理解するための貴重な情報源になります。

実　験

通常とは異なるある特別な学習法，指導法，教材，カリキュラムなどを考案したときは，それらをどこかのクラスや学校で実施してみて，その効果を調べたりします。これは，広い意味で「実験」にあたるでしょう。ここでいう実験は，量的アプローチで触れた「実験」とは計画，実施，評価の性格が異なります。まず，実験群と対照群との両方を必ずしも用意する必要はなく，「実験群」だけを詳細に調べるケース・スタディが質的研究では許されます。質的研究では，教育現象を構成しているさまざまな要素や側面を包括的に理解するアプローチをとります。実験の実施においては，実施の過程において起こったことについて詳細な観察が行われます。そして，実験の効果の評価では，観察記録に加えて，実験に参加した当事者とのインタビューや質問紙調査，実験で生み出された資料の収集などを多角的に利用して判断するのが普通です。詳しくは，11 章を参照してください。

予備研究（pilot study）を行う

研究は，はじめから満足いく形で計画を立てて進めるのが難しいものです。本番の研究（ここでは，主研究と呼ぶことにします）に向けて，試験的で小規模の研究を行うことは役立ちます。特に，質的研究の初心者には，研究の進め方の練習としても役立ち，本番で過度のプレッシャーを感じることを避ける効果もあります。その際には，以下のことを検討するための資料が得られるように進めます。

（1）研究対象の選択

研究を進めるのに適した学校，教師，生徒，単元等はどこか，データ収集はいつ，どのくらいの期間進めるかを検討します。研究に理解を示し協力をしてくれる人々を探して交渉する過程では，相手の事情を最大限に配慮して進めなければなりません。研究対象にとって心理的にストレスが大きいものだからです。

（2）研究手続きの選択

どのような研究手続きが適切かを検討します。

①観察の場合

手近な場所で，観察実習をします。そして，観察の時期，期間，観察の方法，機器の利用法，観察記録の取り方等を検討します。

②インタビューの場合

何人かのインタビューを行ってみます。インタビューの時期，手続き，質問項目，応対の仕方，記録の取り方等を検討します。

③質問紙の場合

質問紙で質問するための項目を考案し，それらを少人数の場で試験的に実施してみます。その回答での反応の様子を見て，質問項目の修正等をしていきます。

④実験の場合

小規模の実験を行い，実験の時期，期間，実験手続き，実験用具，実験内容，データ収集手続き，評価法などを検討します。

さあ，予備研究を実際に始めてください。予備研究も，試験的で小規模ながらも研究であり，データの収集活動を行います。データの収集方法やデータの分析方法は，主研究と基本的には同じなので，次章以下を参照して下さい。ただし，予備の段階なので，失敗を恐れずに取り組んでください。

予備研究の結果については，指導教員と話し合ったり同僚とセミナーを開いたりして検討し，主研究の立案に役立てるようにします。予備研究の結果が十分に有望なものであるときは，その研究をそのまま継続して主研究にする場合もあるでしょう。

第Ⅰ部…入門編

4　主研究の実施

予備研究の結果を検討して，主研究（main study）を計画し，データの収集活動を行います。観察を伴う場合は，データ収集活動の場は，フィールドと呼ばれますが，フィールドを決定して，フィールドを直接訪問することが，主研究を進めるうえでの最初の関門となります。インタビューだけの場合は，インタビュー対象者を選んで，直接コンタクトをとることが，最初の関門になります。なお，この入門編では，フィールドでの観察を伴う研究を中心にその進め方を論じていきます。

データ収集の許可を得る

教育研究では，学校現場が最もよくフィールドになります。フィールドの候補となる学校が決まったら，その学校でデータ収集を行うことを許可してもらわなければなりません。学校から許可を得るためのルートはいろいろあります。また，研究機関や学会によっては，研究実施許可を取得するための手続きに関する規定が定められている場合があるので，その場合はその規定に従ってください。ここでは，一般的な注意だけを述べます。

学校からの許可は，最終的に学校長に判断が委ねられますので，学校長に直接，研究への協力依頼を申し込むことが必要になります。しかし，他の教員の協力も得なければ，円滑なデータ収集はできません。他の教員に研究への協力を依頼して承諾を得ることが必要です。

その学校の特定の教員を以前から個人的に知っている場合は，その教員を通じて，事前に学校長に研究について説明をしてもらって，学校長から内諾を得ておくことができるかもしれません。その後に，学校長に直接面会し研究についての詳細な説明を文書で行い，許可を正式に得るというやり方があります。特に，その特定の教員の担当しているクラスを中心にデータ収集を行うことを予定していて，その教員が研究に参加することに意欲的な場合には，このやり方がよいでしょう。データ収集で最も関わりが出てくる当人が，そのデータ収集を受け入れていることが，研究をするための第一条件です。

児童・生徒からのデータ収集が行われる場合は，その保護者からの承諾が必要な場合があります。研究についての説明と協力依頼を書いた文書を児童・生徒を通じて保護者に渡して，承諾書にサインをもらうやり方が一般的です。

研究への協力依頼の際には，当事者たちに理解できる平易な言葉遣いで，研究の目的や手続きについて明確に伝えていくことが大切です。図 4-1 に研究協力の依頼状の例をあげます。難しい専門用語を使ったり，研究目的を隠すようなことは好ましくありません。それは，当事者を不安にしたり，疑心暗鬼にしてしまい，いずれ研究への障害になります。他方，現場の方々から研究への理解を十分に得ておけば，データ収集に積極的な協力を得られる場合があります。たとえば，児童・生徒を昼休みにインタビューのために呼び出したり，インタビューのための部屋を準備してもらったり，採点前のテストを見せてもらうことなど，さまざまな場面で便宜を図っていただけるでしょう。

データ収集の手続きを説明する際には，個人情報を保護するための手段を明確に伝えます。公にされる研究報告書，論文，著書，研究発表等においては，学校名，教師，児童・生徒等の氏名をいっさい使わず，個人を特定されないようにすることを約束します。映像や音声を機器で記録する場合は，誰がそれらの記録を視聴するのかを明記します。通常は，研究者本人ないし研究グループのメンバーですが，当事者自身が視聴する研究もあります。

研究協力の依頼をするときに，協力することで得られるメリットを期待される場合がたまにあります。一般的には，研究成果として，授業改善のための示唆が得られるなどのメリットを説明します。特に，研究終了後は，研究報告書をもって当該の学校を訪問し，研究成果を説明します。もちろん，データ収集のプロセスにおいて，教員の授業を補助するなど直接的に学校の教育活動を支援する役割を演じることが可能であれば，そういう形で学校側がメリットを享受できると伝えてもよいでしょう。ただし，データ収集活動に支障をきたすような役割は避けてください。

データ収集の方法がインタビューだけの場合は，インタビュー対象の候補になる方に研究への協力依頼をします。しかし，校内でインタビューする場合は，上述と同じく，学校長に研究への協力依頼をして承諾を取りつける必要があります。

もちろん，研究協力を断られる場合もあります。先方が研究になんらかの懸念をもっている場合には，その懸念を払拭するように粘り強く説明を加えたり，データ収集の手続きを柔軟に変更することを提案してみることです。他の場所でも断られる可能性があります。簡単に引き下がらずに，少なくとも当事者がどういう点を懸念しているのかを把握し，その対応策を探ることは重要です。それでも断られた場合は，その経験を次の依頼先を探すときに生かすことです。

フィールドに入る

フィールドから許可を得られたら，いよいよ研究者としてフィールドに入ることになります。不慣れな場所に滞在することは，最初は誰でも不安になります。当事者からすれば「よそ者」「お客さん」という位置づけでみられることになり，長時間滞在することは居心地が悪いかもしれません。たとえば，学校をフィールドとした場合，まず，職員室で職員への自己紹介をする場が設けられるかもしれません。最初は，何度も研究について説明の機会があるでしょう。長期間にわたって訪問するので，校内滞在中にどこか居場所を用意してもらうことになるでしょう。教職員の方も気を遣って，いろいろ尋ねてくるでしょう。そして，校内のいろいろなしきたりにとまどうかもしれません。さらに，校内で経験したことを忘れないようにと，ノートまたは頭の中に「メモ」するでしょう。これら諸々のことが，ストレスになるかもしれません。しかし，いずれこれらに慣れますので，あまり心配せず，違和感を楽しんでみることです。

フィールドに最初に入るときに最も大切な点は，フィールドの当事者たちと良好な人間関係を築くことです。にこやかにあいさつをし，求められれば，い

年　　月　　日

○○○学校　校長　○○　○○様

［研究者氏名・所属］

○○に関する研究についてのご協力のお願い

拝啓

○○○○，先生にはますますご健勝にてご活躍のこととお慶び申し上げます。

ご多用中，まことに恐縮ながら，ご依頼申し上げたきことがございます。小生，「○○○」の研究を○○大学にてすすめております。つきましては，下記の計画で，貴校の○○教諭と○○に関する研究をさせて頂きたくお願い申し上げます。

本研究は，○○を詳細に分析・検討し，○○を提言するものであり，これからの時代の教育のあり方を考えるための貴重な手がかりが得られるものと考えております。

また，○○教諭は現在，○○の授業研究を進めております。本研究は，○○教諭の授業研究を支援するものでもあります。

貴校の先生方および生徒たちにはできるだけご迷惑をおかけすることがないように十分な配慮をいたしますので，ご協力くださるようよろしくお願い申し上げます。また，この度の研究のすすめ方などについて先生方のご意見をお教え頂けたら幸いに存じます。

敬具

研究実施計画

対象学年・教科・単元

第○学年，○○，○○。

期間および研究の進め方

1. 予備参観：○年○月○日から１週間程度

○○教諭担当のクラスをいくつか参観し，本研究の対象とするクラスを選出します。

2. 本研究：予備参観に引き続いて○月末まで

○○教諭の○○の授業においてその観察および記録を実施します。通常通りの授業を行って頂くだけでよく，特に変わった授業を求めることはございません。

授業を頻繁にビデオカメラやICレコーダで記録します。また，先生や生徒達に時々授業についてお話をうかがうことがあります。

3. 個人情報の保護：

研究において得られたデータ等については，研究成果の公表の際にはすべて匿名扱いとし，個人情報の保護に最大限の配慮をいたします。記録された映像・音声の視聴は，本研究の研究グループの間でのみ行います。

連絡先：［研究者の連絡先］

図 4-1　研究協力の依頼状の例

つでも研究内容をていねいに説明することです。当事者たちの行動を観察して，そのしきたりを理解して，それに合わせてふるまうようにします。「当事者から学ぶ」という姿勢で，謙虚にふるまうことです。知らずにしきたりを破ってしまったら，謙虚に謝って，「こういうしきたりがあるんだ」と貴重な情報が得られたことに感謝する心のゆとりをもつことです。

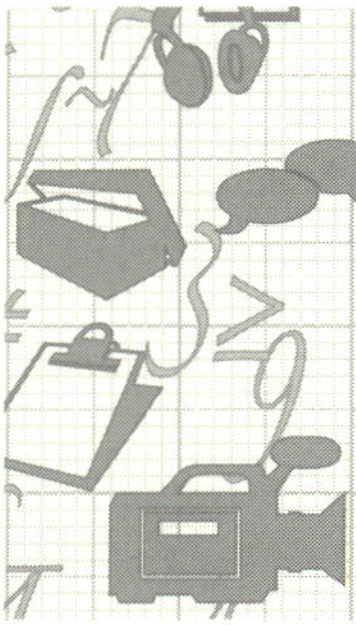

第Ⅰ部…入門編

5　観察の記録

フィールドワークでは，フィールドにおいて，研究対象となる当事者たちの構成している世界を理解しようとします。それをとらえるためのデータとして，当事者たちの置かれている状況や脈絡の描写，当事者の発話の記録，当事者たちの行為の描写が重要になってきます。研究者は，これらを文書の形で記録して分析に利用します。

フィールドに関わった研究者によって作成された文書を，ここではフィールドノーツ（fieldnotes）と呼びます（詳しい議論については，佐藤，2002 を参照)。2 章の研究日誌もフィールドノーツの一種です。研究日誌に加えて，フィールドでデータ収集をする際には，観察したことをすばやくメモできるような小さめのノート（フィールドメモ）を用意し携行するのがよいでしょう。フィールドを離れた後に，そのフィールドメモをもとにして，観察記録を作成します。ここでは，観察記録をつけておく文書（observational notes）を，便宜上，「観察ノート」と呼ぶことにします。フィールド内で詳細なメモがとれる場合は，フィールドメモを観察ノートとしてもよいでしょう。また，研究日誌と観察ノートを，一つのノートにまとめたり，すべてをパソコンのファイルで作成してもかまいません。

フィールドノーツの書き方を理解するには，実際にデータ収集活動に従事しながら書いてみることが不可欠です。そこで，この章の最後に，大学・大学院等でのセミナーを想定した観察およびインタビューによるデータ収集の実習を例示しておきます。

観察ノートの書き方と内容

1. 2種類の記述：事実レベルと解釈・意見レベル

観察記録を書く際には，自分の推測部分が少ない事実レベルの記述と自分の推測がかなり入った解釈・意見のレベルの記述を区別しながら記録することが基本となります。したがって，観察ノートに書く内容は大きく分けて，2種類あります。一つは，データおよびその周辺の記述，もう一つは，データ分析に関する考察です。

たとえば，中学校の数学の授業で図形の証明問題に取り組んでいる場面を考えてみましょう。問題は，「AB=AC」という結論を証明する形のものだったとしましょう。生徒の鈴木君が，証明の途中に「AB=AC…… (3)」と書いていたとしましょう。この様子の記録の仕方として，たとえば，以下の2通りを比べてみましょう。

①「鈴木は，証明の途中に『AB=AC』を書いていた。」
②「鈴木は，証明で結論を使ってもかまわないと思っているようだ。」

①は鈴木君のノートを見ればすぐわかる次元のもので，観察者の見間違いや記憶違いがなければ，たいていの人が同意できる記述であると思われるものなので，「事実」のレベルの記述とみなすことができます。しかし，②は，鈴木君のノートを見ただけでは判断できない内容が多く，この記述に反対する人も多いと思われます。たとえば，証明を書いているときに「AB=AC」が「結論」であることに鈴木君は気づいていたでしょうか。単に「AB=AC」が書いてあったというだけで「気づいていた」と判断してよいでしょうか。この判断には，観察者の推測がかなり入り込んでいるため，観察者の「解釈」「考え」「意見」のレベルの記述であるといえます。これは，観察の初心者によくみられる「印象」記述です。

事実レベルの記述と解釈・意見レベルの記述を区別して書くことには理由があります。見間違い，記憶違いによる誤りはどんな熟練した観察者でも起こしますが，ある程度長期間何度も訪れて観察を続けるうちにかなり訂正されるものです。したがって，見間違い，記憶違い等による誤りを含んでいる部分のデータが研究成果の主要な根拠に使われることはあまりないでしょう。事実レベルの誤りは，研究が進むにつれて淘汰されやすいものなのです（研究があまりなされていない領域では淘汰されるまでにかなりの時間がかかることはありますが）。ところが，観察者の推論がデータにかなり強く入り込んでいる場合，そのデータをチェックすることは，見間違い，記憶違いほど単純ではありません。上の例で「鈴木は，証明で結論を使ってもかまわないと思っているようだ。」をチェックしようとするなら，そのとき鈴木君がノートにどう書いていたのか，鈴木君が何か発言をしていたのか，鈴木君は他の問題で証明をどう書いていたのか等々の証拠を調べる必要があるでしょう。しかし，記録に残っているのが「鈴木は，証明で結論を使ってもかまわないと思っているようだ。」という記述だけだったなら，チェックのしようがありません。その記述が誤っていても訂正されることがないままに終わる危険性が高くなります。後で見直して別の解釈の可能性を検討したり，どのような解釈をするのが妥当かを他の研究者と議論したりするときに，判断の手がかりがなくなってしまうのです。研究というものは，「事実」レベルのデータを公に示し研究者同士でそれを共有しあい，それをもとにして，お互いに解釈や考え，意見を交わす営みです。それゆえ，「事実」レベルにあたる部分がどこか，観察者の推測のレベルの部分がどこかを常にはっきりさせておくことが，本質的に大切になってくるのです。これは，裁判所の法廷において検察側と弁護側が争う際に，「証拠」と「意見」を峻別しているのと同じです。

新聞でも，スポーツ紙などでは，「○○チーム３連勝！××を５－１で撃破。予選突破も次の試合できまり！」というような文章をよく見かけますが，事実と意見が混在した典型的文章です。事実を報道することを第一とするジャーナリズムに従って書くならば，5W1Hを基本にして「昨日△スタジアムにて，○○と××の対戦があり，○○が５－１で勝った。○○チームは予選リーグ３勝０敗となり，次の試合に勝つか引き分けると予選通過が決定する。」にとどめ，別コラムで，「意見」として，○○チームへの賞賛や期待や「熱い思い」などを書くようにすべきです。

フィールドノーツにおいても，事実レベルの記述部分と解釈・意見レベルの記述部分をはっきり分けて書き込むようにしてください。このとき，事実レベルかどうか判断がつかないときは，解釈・意見とします。たとえば，ボグダンとビクレン（Bogdan & Biklen, 1992, p. 121）のように，解釈や考え，意見を書くときには，段落を改め，段落全体をインデントして，段落の最初に「OC」（observer's comments）という記号をつけたりするのも一案です。

11:44（11時44分） 2年B組
　HW［宿題］チェック［教科書］p. 70 問
11:45　（ア），（イ），（ウ）の場合の図を描く。
11:47　T（教師），（ウ）を自分のやり方で説明
［黒板］　（ウ）　y=4（1-x）X 1/2
　……
　y=-2x + 20（7 ≦ x ≦ 10）
　　OC　最後のxの変域についてTがSs（複数の生徒たち）に聞くと，Ssが一斉に反応する。
11:53 T，グラフの引き方を（ア），（イ），（ウ）に従って説明していく。
　　OC ここはほとんど一方的な説明になる。HWではこうなるのか？
11:57 T，新しい内容「4　不等式」に入る。
T，「不」の意味を話し「等式ではない式。イコールのない式」と説明。
　　OC　2年A組とは違う導入
T，記号を書く。「<，>，≦，≧」
T，Ssに「A < B」の読み方を聞く。
T，「A小なりB」と読むのはやめ，「AはBより小さい」とする。
［黒板］　A < B　数量と大小関係

手書きの観察ノートの場合，私がよく利用する仕方は，解釈，考え，意見を書いている段落を2，3字分下げて，その左に縦の線を1，2本引いてマークしてインデントを目立たせるだけのものです。ある教師のつくった観察ノートを例にあげます。

T：「では，パソコンの授業でできなかった縦棒はどんな式になるのか，予想してみよう。」

山田：「x = 数になるとおもう。」

（y = h についての説明）

T：「x = △でよいかどうか，y = ○の場合から類推してみよう。」

周りで話し合い。

鈴木：「 y = ○の場合と同じように考えると，それ［ x = − 3 のグラフ］は x = − 3 だけど，y は何でもいいのだから x = − 3 と表せるので，山田君の予想は正しいと思う。」

> パソコンの授業から y = h，x = k のグラフの学習をしたが，今までの ax + by = c で，a = 0 の場合，b = 0 の場合という導き方よりわかりやすいのではないだろうか。

オーディオ記録やビデオ記録がある場合は，それを文書化することがあります。文書化されたものをトランスクリプトといいます。オーディオ記録やビデオ記録で必要なところを，機器で再生して見つけたりすることを何度も繰り返すのは，かなり時間がかかるものです。トランスクリプトがつくられていると，データの検索や分析がしやすくきわめて便利であり，観察ノートや研究日誌をつけるのに役立ちます。

本格的なトランスクリプトは，発話の言葉を省略・編集なしで忠実に文字化・記号化し，動作の一つひとつまで記述するもので，時間的・労力的に大変です。どれだけ詳細な文書化が必要かは，研究の目的によります。研究上重要と判断した箇所だけに限って（空いている時間，夜や早朝，週末などを利用して）トランスクリプトをつくり，それを取り込んで観察ノートを作成する方法もあります。

▶▶▶

10:13（10 時 13 分）　T：「じゃあ，時間がないから空けておいて，次の勉強に行きます。終わんない人はうちでしっかりやってきなさい。で，次。」

T，黒板を消す。

T：「消すぞ。もう試験前だからどんどん行くぞ。」

OC　作図に手間取りがち。

・「空けといて」の指示に見られるように，ノートに順番よく学習内容を記録させる意図が見られる。

・「試験前」に内容をカバーすることが，先生と生徒の両方にプレッシャーになっている。2年を受け持っているもう一人の先生と歩調を合わせるということもプレッシャーになっていると考えられる。これを生徒に伝えることにより，生徒に授業により集中させHWもするよううながしていると考えられる。

10:14　T，黒板に（教科書）p. 121「特別な二等辺三角形について考えよう」と書き，読む。

10:15　T：「二等辺三角形というのは，2つの辺の長さが等しい三角形を二等辺三角形と言うんですが，ね。それ以外には何の条件もないよね。とにかく，三角形で，そのうちの2つの辺が長さが等しければ，もう二等辺三角形なわけです。それになんか一つ，もう一か所特別な条件を与えると，どういう三角形になるだろう。」

10:16　T，黒板に二等辺三角形をいくつか書き始める。

T：「これ全部二等辺三角形だな。」

［黒板の図は省略］

T：「何かないですか。何かないですか。これ，角度は何でもいいんですよね。ここの角度は何でもいいんですね。あ，これとこれは同じ角度になるんですよね，二等辺三角形の2つの底角は等しいという性質がありますから。」

OC　こういうとき，長さを一定に保ったまま自由に変形できる教具とかソフトがあると効果的だと思うのだが。

T：「この長さも何でもいいわけでね，10センチでも5センチでも，何でもいい，70センチでも何でもいいです。何でもいいんですが，その中で一つ条件を与えるとしたら，どんなことが考えられますか。特別な条件を与えるとしたら，どんなことが考えられますか。」

OC 「特別な」という意味が生徒にはわからないと思う。角度を30度とか長さを70センチとかの条件では「特別」にならないのかどうか。

　　特殊－一般の関係からすれば，もちろんそれらも「特別な」条件である。

10:18　T，山田に聞く。

T：「2つの辺が等しいだけじゃなくて，それに何かもう一つつけ加える，特別な要素をつけ加えて，つけ加えるとしたら，どんなことが考えられる？」

山田，首をかしげる。

観察ノートを含め，フィールドノーツを作成する作業はかなりのものです。繰り返し使う表現は自分なりの簡略な記号を使うとよいでしょう。たとえば，私は以下のような記号をフィールドノーツに使います。

● フィールドノーツの記号例

T　教師

S　生徒（特に，氏名がわからないときや，氏名を記す必要がないとき使う。児童のときは，pupil の P や child の C を使う人もいる）

Ss　複数の生徒

I　研究者である私（investigator ないし interviewer の意）

B　板書の記述（手書きのフィールドノーツに使う）

HW　宿題

VTR　ビデオ記録に映っているということを特に示す記号

[　]　複数の人が同時に発話しているときに，挿入するのに使う記号

／／　同一人の発話の途中で間が空いたことを示す記号

2. 他の研究者にも理解できる記述：データは同じ研究領域の研究者たちの共有財産

フィールドにおいて膨大な観察内容があります。それらのどういう部分を，どういう順序で，どれくらい具体的に記述するかは，観察者がつねに突きつけられる問題です。まず，観察ノートにあるデータは，研究論文の中に後々引用されるものであり，観察者のみならず他の研究者もその一部は読むものです。もちろん，個人情報保護のため，論文にするときは固有名詞を伏せますが，データは基本的に同じ研究領域の研究者たちの共有の知的財産となるべきもので

す。他の研究者がデータとして読むことを念頭に置くものであると考えると，観察者以外に誰も理解できないような記述をするわけにはいきません。実際に読むかどうかは別として，他の研究者が読んでも十分に理解できるような記述をしなければなりません。自然科学の実験研究の場合でも，実験の手順や結果を研究ノートに他の研究者が理解できるように記録しておき，他の研究者が論文の記述をチェックしたり再現実験をしたりできるようにしています。質的研究者にとって，観察ノートはそれと同様に，他の研究者によるチェックに利用できるものでなくてはなりません。

他の人々にも理解しやすいように観察ノートを記述するには，いくつかの基本的な原則があります。わかりやすい描写について，言語技術研究者の三森の5つの基本原則に従って論じます（三森， 2003, p.164）。

(1) 全体から部分へ

どんな物事もそれがどのような脈絡や状況に置かれているかによって，そのとらえ方が変わります。たとえば，同じ教師の発話でも，職場にいることを前提として記述した場合と自宅にいることを前提として記述した場合では，まったく異なった意味を生み出します。

㋏

T：あ，やったね，すごい！（目を大きく見開いて，驚きとうれしそうな表情）

というようなデータ記述を考えてみましょう。自宅のテレビでスポーツ観戦している状況であれば，スポーツ好きの教師の単なる感情の発露でしょう。しかし，これが授業中にある生徒が問題を解いたのを見ての発言であったなら，驚きの感情表現だけではなく，教師の評価をその生徒に伝えたり，解答の仕方が非常に優れているという判断を他の生徒に知らせたりする意味をもってきます。

それゆえに，何かを記述しようとしたときに，いきなりこまごまとしたデータを記述し始めるのでなく，それらを位置づける，より一般的な事柄や背景を明確にしておくことが大切です。そのうえで，だんだんと細部へと移っていくほうが，理解を促進するでしょう。それは同時に，読者に，全体的な見通しを最初に与えるものでもあり，読みやすくなります。ビデオ撮影をするときでも，最初はズームアウトしておいて，広角で撮って全体像がわかるようにしておいてから，特定の部分へズームインするとビデオを見るときわかりやすいでしょう。もしもいきなりズームインした状態から撮影したのを見たら，「これはいったいなんだ？」とたいていの人は面食らうでしょう。

この「全体から部分へ」の原則に従うと，おおよそ，以下のような順序で書き進めればよいでしょう。

● 観察ノートのおもな記入項目

①データ収集する日時と場所
　観察フィールドとなる場所や建物，机や椅子の配置等についての様子を記録する。

②研究対象とする人々
　研究対象とする人々の年齢，性別，職業，服装，態度等の情報を記録する。

③観察者の行動
　フィールドで観察者がどういう格好で，どこにおり，どういう役割を演じていたかを記録する。観察者が研究対象とする人々と会話したなら，観察者の発した言葉も記録する。

④活動や出来事
　フィールドで行われている活動や起きている出来事を記録する。活動や出来事のうちの目立つ側面だけでなく，活動や出来事をそれらが生じる脈絡やとりまく周囲の状況を含めて包括的に記述するようにする。

⑤会話
　研究対象とする人々の間で交わされる会話を言葉通り記録する。

ただし，これらの項目を常に書かなければならないというわけではありません。たとえば，データ収集場所，対象とする人々，観察の仕方がいつも同じなら，①②③については一度研究の開始時に書いたなら，その後は，特に変更になった部分だけ記録すれば十分でしょう。

そして，それぞれの項目の記述においても，「全体から部分へ」の原則を適用して，全体的，概略的な事柄から始めて細部へ記述を進めていきます。

(2) 空間的順序

人は物事の描写を読んだり聞いたりするとき，空間的に秩序ある順序で描写されることを期待します。たとえば，デパートの売り場を説明するときに，普通は下の階から上の階へと「下から上へ」という流れで説明されることを期待するでしょう。もし，3階の売り場，1階の売り場，5階の売り場というような下に行ったり上に行ったりするような流れで説明されると，聞き手の期待とずれて，混乱してわかりにくくなります。また，スーパーの売り場を説明するとしたら，普通は手前の入り口付近の売り場から始めて奥の売り場へと，すなわち「手前から奥へ」の流れで説明していくことを期待するでしょう。こういう期待は，文化的に形づくられたものであり，決して固定されているわけではありませんが，こういう期待に添うような秩序で説明すると理解されやすいでしょう。

(3) 時間的順序

空間的秩序と同様に，時間的に秩序ある仕方で説明することも重要です。たとえば，カレーライスのレシピを記述するとしたら，カレーライスをつくる時間的順序で説明するのが最も自然でしょう。

㊐

1　厚手の鍋にサラダ油を薄く引き，サラダ油が熱くなったら，適当な大きさに切った肉，野菜を入れてよく炒めます。

2　水を加え，沸騰したらアクを取り，材料がやわらかくなるまで弱火か中火で煮込みます。

3　いったん火を止めてルウを割り入れ，充分に溶かし再び弱火で煮込みます。

続き番号を打ってもよいし，または，「まず」「次に」「最後に」というような前置きをつけて文章で述べたりするでしょう。教育現象の場合では，事象が起こった時間的な順序で記述するのが基本になります。上述の観察ノート記入項目のように，時刻や時間を段落先頭に表示しておくと，順序だけでなく，持続時間や間隔を理解するのに役立ちます。

（4）情報の整理

フィールドでメモをとっているときは，走り書きのためなかなかうまく整理できませんが，観察ノートを作成するときは，上記（1）～（3）の原則に従って整理して記述すると見やすいでしょう。

ひとまとまりの記述には，最初に見出しをつけてみると，何が記述されるのか予想をもって読みやすくなります。並列的な事柄は，箇条書きを使うとよいでしょう。順序立てて述べるときは，番号を振ってみるのもよいでしょう。

（5）客観的な記述

事実レベルの記述については，他の人が理解可能な客観的な表現で書くことは当然ですが，解釈や意見についても，客観的な記述を心がけることが大切です。というのは，解釈や意見はデータ分析の手がかりとして活用していくものなので，自分にしか理解できないもののままにしておくわけにはいかないからです。たとえば，「近くのショッピングセンターにある某ラーメン屋のラーメンはおいしい」，という記述は，解釈・意見レベルです。この中の「おいしい」という部分はかなり主観的な表現です。このままでは，他の人に，そのラーメン屋のラーメンの特徴はほとんど伝わらないでしょう。人によって，ラーメンの好みは違うし，おいしさの基準は違って当然だからです。あなたの好みをよく知っている友人の間でしか，「おいしい」だけでどういう特徴があるかは理解されないでしょう。さらに，このままで記述を終わりにすると，時間が経つと，自分自身でさえ，「なんでおいしいと感じたんだっけ？」と理解できなくなってしまいます。

それゆえ，解釈や意見についても，単に事実と区別するだけではなく，他の人でもわかるような，より「客観的」な表現をするように心がけることが大切です。主観的な感覚でも，描写する対象を分析していくことによって他の人により正確に伝わるようになります。ラーメンでいえば，まずスープの種類，すなわち，しょうゆ，とんこつ，味噌等のどれがベースになっているか。次に，麺の特徴として，細い麺か，太い麺か，麺のコシが強いかどうか，などです。さらに，具に何か特別な工夫があるか。たとえば，チャーシューのやわらかさ，ネギの量と，ゆで卵のゆで具合や味。これらを分析して，「あそこは，とんこつスープで，細い麺で，麺にスープがからみやすく，しかもコシがあった。チャーシューがやわらかくて食べやすかった。半熟の味卵も味がよくしみていてスープと馴染んでいた。」というように表現すれば，聞いた人はかなり具体的にそのラーメンをイメージできるでしょう。

そして，このように客観的な表現を心がけると，事実レベルが豊かになってきます。「とんこつスープである」「細麺である」「麺にコシがあった」「チャーシューが柔らかい」等が，事実レベルの記述として加わって，事実レベルの記述だけで，ラーメンの様子がリアリティ豊かに伝わります。

(6) 情報の受け手の設定

情報の受け手としての読み手がどういう予備知識をもっているかに応じて記述の仕方は変える必要が出てきます。教育研究の観察ノートを読む可能性があるのは，ほとんど教育研究者ですが，その中でもさまざまな専門領域の研究者がいます。どういう予備知識を前提にして記述するかを考えておく必要があります。また，読者は読み進むに従って予備知識を蓄積すると前提できるので，観察ノートの書き方も，研究が進行するにつれて変化していきます。以前に記述した事柄は，それを読者が参照できるような配慮さえしておけば，記述を簡略にしてかまいません。

3. データ分析に関する考察の記述

観察者の解釈，考え，意見の部分には，データ分析に役立つ以下のような項目も書いていきます。

(1) データ分析のためヒント

データの中に繰り返し現れるパターン（recurring patterns）をメモします。フィールドにおける人々の行動，交流の仕方，会話の話題などに，何度も現れてくるパターンあるいはタイプに気がついたら，単なる思いつきでもよいから，メモします。また，それらのパターンがフィールドの人々にどういう意味をもたらしているか，他のパターンとどう関連しているのか，等々について，感じたこと考えたことをメモします。これらのメモが，データ分析をまとめるときに役立ちます。データ分析については後述します。

(2) 研究の進め方についての考察

これは，研究日誌と共通するものです。フィールドでは，フィールドの人々とどう接したらよいか，どこに観察の焦点を絞るか，誰に面接を求めるか，面接の質問をどうするか，データ収集をいつ打ち切るか等々について，その場の状況に応じて臨機応変に意思決定しなければならないことが普通です。これらの意思決定の経緯について記録し，決定の妥当性について後で検討することが大切です。

(3) 個人的経験とその考察

これも，研究日誌と共通するものです。フィールドでは，自分と考え方や価値観が異なる人々に間近で接することになります。授業の観察をしているときに，教師の教え方に不満を感じたり，批判的な気分になることがあるかもしれません。あるいは，生徒の発言に感動したりするかもしれません。こういうとき，それらの経験を書き留めて，自分自身がそのように感じるのはどうしてなのか考えてみてください。自分の支持している教育理論，過去の教育経験，個人的好み，その日の気分などがそういう個人的感情を起こさせる背景にあるでしょう。これら自分の感じ方の背景にあるものを冷静に自覚するようにします。

そして，改めて，当事者である教師や生徒たち自身はどう感じているのかを考えてみてください。当事者は観察者とは違う感じ方をしていると常に想定してください。彼らには物事がどう見えているか，それらがどういう意味をもっているのか，観察者の考え方や価値観とどういう違いがあるのかを考えます。これもデータ分析において役立つヒントを与えてくれます。

特に，フィールドに入った初期の経験は貴重です。まだフィールドの人々のやり方，考え方，価値観等に自分自身が「慣れて」しまわない時期であり，感覚が研ぎ澄まされているからです。フィールドに入った初期は，不慣れなことが多くて忙しいかもしれませんが，同時に，「慣れて」しまった後では得られない「黄金の瞬間」でもあると考えて，気づいたこと感じたことを，できるだけ詳細に記録しておくようにしてください。

観察ノートを書く際の注意

観察ノートは，前述の研究日誌の形式にならって書きます。特に注意する点をいくつかあげます。

1. 観察記録は，観察の後できるだけ早く書き留める

時間が経てば経つほど記憶は薄れてきて正確さを失います。また，新鮮な印象がなくなると，記録する意欲も弱まります。十分な分析もしないうちに「今日はたいしたデータでもなかったから」と口実をもうけて記録作業を避けていると，重要なデータを見逃しかねません。研究期間中は，観察ノート用のノートとペンを常に携帯し，すばやくメモを書きつける習慣を身につけてください。できれば，観察した直後に，要点だけをすばやくメモしておきましょう。そして，仕事や雑用が終わった後に，書き留めておいた要点をもとにして，その日のうちかまたは次の日の仕事前までに，より詳しい観察記録をつけるのです。

さらに，前回の記録をつけないままでいると，次回の観察に悪影響を及ぼします。前回の観察の記録をつけるうちに，次回の観察の方針も決まっていき，研究の焦点が絞れてくるものです。しかし，記録をつけるのを怠っていては，それがありません。そのうえ観察記録をつける作業が滞って蓄積してしまうと，だんだんと仕事が膨れ上がり，研究が苦行になってしまいます。

2. オーディオ記録やビデオ記録があっても，観察記録はつける

オーディオ機器やビデオ機器による記録はときどき操作ミスや故障のために失敗することがあります。機器を使った場合には，まず，記録が思った通りにとれているかどうかをすぐチェックしてください。うまくとれていなかった場合には，ただちに，記憶を頼りに詳細な観察記録をつけてください。同時に，うまくとれなかった原因を調べて，次回に備えてすぐ対応策を検討する必要もあります。うまくとれていた場合には，それらを機器で再生しながら，観察記録を書いてください。

3. 要約しないで記録する

職場で会議の議事録をつけたりするときは，長い意見のやりとりがあってもそれらは要約して書き，最後の決議事項だけ正確に表記すると思います。これは，個人的な意見の詳細よりも，全体での決議事項のほうが職場の運営において重要だと会議参加者にみなされているからです。質的研究で観察記録をつける場合では，フィールドで起こっていることが最も重要なので，その記述では「要約」しないようにすることが大切です（Bogdan & Biklen, 1992, p. 119 参照）。たとえば，教師の教授行動に焦点をあてるような研究をするときに，「教師は，教科書を使って例題 3 の解き方を教えた」というように記述するのは避けるべきでしょう。「教科書を使って」というのは，具体的にどういうことだったのでしょう。教科書の何ページのどこの部分を指しているのでしょうか。教師が教科書の文章をそのまま読み上げたのでしょうか，生徒を指名して読ませたのでしょうか，それとも，教科書の図や表だけを説明のときに利用しただけなのでしょうか。あるいは，教科書にある記述に触れながらも，黒板で改めて図解しながら教師が説明していたのでしょうか。「教科書を使って」と記述したのでは，教授行動の分析にとって大切なこのような情報がほとんど記録されないことになります

「教えた」という表現も同様です。長く教鞭をとった経験がある人は，「教える」という言葉遣いに慣れてしまっているために，それが複雑でさまざまな種類がある行為をひとからげに要約した表現であることをときに忘れがちです。たとえば，教師は，いきなり解答を書き始めたのでしょうか。生徒に解き方について何も質問しなかったのでしょうか。生徒たちと話し合いながら進めたのでしょうか。問題を解くためのアイデアとかアプローチの仕方には触れたのでしょうか。触れたとしたら解答の前，途中，最後いずれにでしょうか。生徒はどういうふうに聞いていたのでしょうか。生徒はノートをとるのに忙しくてあまり聞いていなかったということはないでしょうか。質問した生徒はいたのでしょうか。解答の前に生徒のノートを見て回っていたなら，それは解答のときに生かされていたのでしょうか。生かされていたとするなら具体的にどの発言にそれが示されているのでしょうか。

授業記録をつけるときには，教育実践の既成の言葉遣いにとらわれる必要は

ありません。たとえば，日本の教育の伝統では，「導入－展開－まとめ」というパターンで記述することがあります。また，生徒たちの机の周りを歩いているときは，「机間巡視」や「机間指導」と記載するとか，最近では「教える」ことを「支援」と言い換えることが慣例となっています。これらの既成の言葉遣いは，実際に起こっているさまざまな内実を覆い隠す要約になってしまいます。たとえば，「机間指導をした」と書いたときに，教師は生徒たちが遊ばないように監視に行っただけなのか，単にノートを見て回っただけなのか，生徒たちの作業の手伝いに行っただけなのか，生徒に何か指示を出しに行ったのか，生徒と話し合っていたというならば，どの時点でどの生徒とどのようなことを話し合っていたのか等々，こういうさまざまな場合がすべて「机間指導をした」の一言でくくられてしまうのです。「要約」してしまうと，教授行動の分析に決定的なデータがほとんど失われてしまうのです。

4. 書き留める前に，人に内容を話さないようにする

元旦に「今日から毎日日記をつけよう」と計を立てて，往々にして三日坊主で終わるのはよく知られています。書くことに心理的ストレスを感じることは普通です。経験を文章化する作業は，忍耐を必要とします。

また，データの解釈に関してよいアイデアや仮説を思いついたとき，気分が高揚することがあります。目から鱗が落ちるような経験をしたり，自分自身の創造性に自信を感じたり，研究成果があがっているという感触が得られたとき，誰しも感情的に高ぶるものです。

こういうとき，観察内容や自分のアイデアを書き留める作業を放り出して，すぐにでも同僚や知人に話したくなる場合があります。これは，観察記録を書く作業を先延ばしにするだけです。また，ストレスを会話で発散すると，書くための緊張感がなくなる危険性があります（Bogdan & Biklen, 1992, p. 127）。それだけでなく，会話のときに観察内容に他者からコメント受けて別の強調や印象がつけ加えられたりして，データが歪められる危険性が高くなります。

> もうひとつ重要な点は，ノートに記録する前にエピソードについて話してしまう誘惑である。自分の妻や同僚に話すことは，出来事をノートに記

録するのを鈍らせるように思えた。実際，会話した人たちの反応や解釈が観察の総括を記録するときに混じり込んでくるように思う。どれくらいの影響があるかは確かではないが，印象の想起に関する研究で指摘されている平均化，先鋭化，歪曲の現象や，風説の伝達過程における変容の研究が関わってくる部分であると思う。彼［観察者］はフィールドノーツに確実に記録するか，テープに総括を口述するまでは話さないように心がけた。

(Smith & Geoffrey, 1968, pp. 12-13)

5. 観察の進んだ時間の流れに沿って記述する

ほとんどの人にとって観察の時間進行に沿って書くのが最も自然であり，観察したことを思い出しやすいものです。観察のときのメモを頼りに，どう展開していったかを思い浮かべると，観察したことが次々と芋づる式に引き出されてくると思います。それを出てくるがままに書き留めていくとスムーズに書けます。心理学の研究では，「いつ」「どこで」「だれと」「何を」「どんなふうに」というような特定の時刻・場所・場面で生じた出来事の記憶は「エピソード記憶」と呼ばれます。その出来事が起こったときの状況を想起させるような物理的または心理的手がかり（現場の写真や観察メモを見たり，当時の気分を思い出したりすること）があると，エピソード記憶をかなり正確に再生できることが実験的に確かめられています。

いったんある程度書いたところで，何か書き忘れたことを思い出すかもしれません。そのときは，順序をあまり気にせずに書き留めていきます。データを整理し直すことは，後でもできます。データを記述して残すことを第一としてください。

データ収集実習：観察

以下の観察実習のやり方は，ジェーンシック（Janesick, 1998, pp. 13-27）を参考にしたものです。複数の実習参加者とその指導者で進めるものとします。

1.　観察実習1

さまざまな色や形のカップや置物等をテーブルの上に5つ以上用意します。テーブルの周りの椅子に座って，それらを5分間かけて観察しノートに観察記録を書きます。その後，椅子の場所を大きく変えて，もう1ラウンド観察を行います。2ラウンドの観察が終了したら，各自の観察記録について，以下の点を話し合います。

①1回目に，この課題にあなたはどのように取り組みましたか。2回目は，1回目とは違った取り組みをしましたか。
②観察しているとき，現場でどのような困難を感じましたか。

この実習のポイント：

人によって描写の仕方がいろいろあります。これが正しいというものはありませんが，いろいろな人の描写を読むと，どれがわかりやすく，的確な描写かが見えてくると思います。

言葉で表現しにくい模様や色をどう記述したらよいでしょうか。補助するものとして，イラストや写真がありますが，それは補助手段であって，言葉での説明なしにすますことはできません。また，どこまで詳しく描いたらよいでしょうか。これは，観察のテーマによります。どこに焦点をあてたらよいかをそれから定めることになります。もちろん，判断を誤れば，重要なデータを記録し損ない，後からもっと詳しく記録しておけばよかったと後悔することもあります。

記述する順序はどうですか。現場を見ていない他者にわかるように記述するには，どのような書き方が適切でしょうか。自分の個人的興味をそそったものを中心にして，「その右」「その隣り」と羅列していくのは，全体像を伝えにくいです。自分の第一印象にひきずられないように注意が必要です。自分の感想や意見は「OC」（観察者のコメント）として，分けて書き込んで結構です。「私の気に入っている模様」とかは，記述とは別に記録します。物事には唯一の解釈というのはないので，自分とは違った解釈の可能性を排除したり，妨げたりするような断定的な記述の仕方は好ましくありません。事実と意見の区別を破棄することは，個人の解釈を押しつけるだけの記録になってしまいます。

見る位置によって見え方が異なってきます。したがって，観察者の位置を明示することが大切になります。それゆえ，全体の様子と観察者の位置についての情報が最初に必要でしょう。そして，2回目は，1回目に見慣れてしまった部分を省略して，新しい部分に観察の重点を置くことになるでしょう。

2. 観察実習2

今度の実習は，場所です。自分が見慣れている場所を選び，そこを「はじめて見るつもり」で20分間の観察をし，記録をつけます。観察が終了したら，各自の観察記録について，以下の点を話し合います。

①先の観察実習と比べてどこが難しいと感じましたか。
②この課題にあなたはどのように取り組みましたか。
③観察しているとき，現場でどのような困難を感じましたか。

この実習のポイント：

広い場所では，どこに観察の焦点を絞るか判断が求められます。それは描写で何を目標にしたかによります。そして，全体像と観察者の位置の情報はより重要になってきます。場所の説明には，言葉だけでなくイラストやフロア・プランなどの図が役立つでしょう。

見慣れた場所は，無意識にとらえている部分が多いものです。記述しようとすると，それらを意識にのぼらせる努力が必要となります。逆に，見知らぬ場所のほうが記述するのは比較的楽になるものです。

観察する時間は限られています。限られた時間内で効率的な観察をするには，どのように観察するか計画が必要になってきます。

3. 観察実習3

共同作業を必要とする簡単な課題を選んでください。参加者2人に，15～20分間で共同でその課題に取り組んでもらいます。他の参加者はそのやりとりをみながら観察ノートをつける実習を行います。観察が終了したら，各自の観察記録について，以下の点を話し合います。

①これまでの観察実習と比べてどこが難しいと感じましたか。
②この課題にあなたはどのように取り組みましたか。
③観察しているとき，現場でどのような困難を感じましたか。
④観察されていた参加者２名に質問し，どのような思考が進められていたかを話してもらいます。

この実習のポイント：

話されている言葉をその場で記録することは，静止している物を描写するのに比べてはるかに大変です。時間をかけて正確に記録するためには，オーディオ記録が欲しくなるでしょう。ただし，機器をいつでも使えるわけではありませんので，フィールドで記録する技術は大切です。たとえば，廊下で立ち話をしたときなどは，いちいちレコーダを使えません。また，いつもレコーダを使っていると，それを聞き直すのに膨大な時間をとられてしまいます。さらに，ビデオカメラが欲しくなるでしょう。しかし，ビデオも一部分しか記録できません。また，ビデオ記録から，トランスクリプトをつくるときに，いろいろな動きをどう記述するかの問題がやはり起こってきます。

いろいろなことが次から次へと現場で展開していくので，すべてを観察および記録することはできません。自分なりのなんらかの観察テーマを設定して，観察を進めることになります。自分なりの解釈，知見，意見，興味を感じたことについては,「OC」等のマークを利用して,観察と区別して書くようにします。

人間の行動を理解するには，観察だけでは必ずしも十分でなく，当人に話を聞くことが必要になってきます。そこで，インタビューが大きな役割を演じるわけです。

4.　観察実習４

教育研究では中心になる授業の観察実習です。教育関係の方々は，いろいろな機会に学校の授業を参観する機会があると思います。そこで，どういう機会でもよいので，学校の授業参観をして「メモ」をとり，その後でそのメモに基づいて「観察ノート」を作成します。

授業の観察実習をするときには，特に以下のことに気をつけてください。

●観察実習で気をつけるべき点
- 参観日の前日の夜は，十分睡眠をとっておき，授業中に集中力を切らさないようにする。
- 授業中に随時，時刻を記録する。
- 授業中は，授業を妨げることなく，さりげなく，児童・生徒たちの様子を見て回る。
- 授業中は，観察と記録（メモ）に集中する。
- 授業参観後に，観察内容についてむやみに他人と意見交換せず，思いついたこと，書き忘れたことなどを，自分のノートに書きとめることに専念する。
- 授業後に，授業者から話を聞く機会があるときは，補足データとして大いに活用する。
- 終了後に，すみやかに観察ノートを作成する。

観察ノートを作成した後で，下記の点を話し合います。

①これまでの観察実習と比べてどこが難しいと感じましたか。
②この課題にあなたはどのように取り組みましたか。
③観察しているとき，現場でどのような困難を感じましたか。
④もう一度観察する機会があるとすれば，今度はどのような点を改めたいですか。

データ収集実習：インタビュー

実習のやり方は，ジェーンシック（Janesick, 1998, pp. 29-32）を参考にしたものです。この実習では事前に，本書12章「インタビューの方法」を熟読して，インタビューの仕方を概観しておきます。実習参加者から2名を選出してもらい，一人がインタビュアーになり，もう一人を相手にインタビューを他の参加者の前で実演します。実習の参加者の誰もが一度はインタビュアーの役割になるように，以下のセッションを繰り返すことが望ましいです。

インタビュー時間は1セッション10分間とします。初学者には，これでも意外と長いと感じられるでしょう。各インタビュー・セッションの目標は，相手の関心をもっている世界についてインタビュアーの理解を深めることとします。具体的な実習手順は以下のとおりです。

①インタビュアーは，選出された相手に「最も関心をもっていること，あるいは今関心をもって取り組んでいること」は何かをはじめに聞きます。それをインタビューのトピックとします。
　インタビュアーおよび他の参加者は，5分間でインタビューの質問計画を立てます。インタビューを受ける参加者はその間静かに待っています。
②インタビュー計画が立てられた後に，インタビューを受ける相手とインタビュアーが向かい合って座ります。
③インタビュアーは，時間をストップウォッチで計ります。
④インタビュアーは，メモをとりながらインタビューを開始します。
⑤インタビュアーが一通り質問を終え，時間が余っていたら，他の参加者が質問します。
⑥10分後にインタビューを終了します。

各インタビュー・セッションの終了後に，検討会を開き，以下の点を話し合います。

①インタビューした側は，インタビューしてみてどういうことを感じたか，どういう点に困難を感じたか，自己評価をしてもらいます。
②インタビューされた側は，インタビューを受けている間，どういうことを感じたか，どういう点にとまどったかなどのコメントを述べます。
③インタビュアーの質問の種類，意図，結果について検討し合います。
　・事前の計画と実際の質問とのギャップはありましたか。どうして，ギャ

ップが生じましたか？
・質問の様式は，適切でしたか？
・質問の意図に適切に沿った聞き方をしましたか？
・相手の話をうまく引き出せたでしょうか？ 誘導が強すぎたりしませんでしたか？
・インタビューを通して相手についてこれまでと比べてどういうことがわかりましたか？

第Ⅰ部…入門編

6　データの分析

データ収集が進むにつれて，研究日誌や観察ノート，オーディオ記録やビデオ，資料が増加していき，研究が進んでいるという充実感を感じることがあるでしょう。それに比べ，これらデータの山から焦点化された結果を導き出す作業では，「こんなにデータを集めて何か月もデータ整理をして，自明な結論しか出てこなかったら，どうしよう」と不安やストレスを感じることが多いものです。データ収集中から，データ分析を少しずつ進め，成果への見通しがつくようにしておくことが大切です。

データ収集中の分析

データ収集の途中で行う分析作業には，以下のように，大きく分けて，研究課題（研究テーマ，研究設問）に関するものと研究方法に関するものがあります。

● 研究課題について

・研究の焦点をどこに絞るかを検討する。

・研究課題を明確化していく。

・研究課題に関連する問いや仮説をさまざまに立ててみる。

・自分の立てた仮説を随時フィールドでチェックする。

● 研究方法について

・データ収集計画を随時見直す。

・観察ノートや研究日誌に，研究課題についての考えを書き留めていく。
・研究のモデルを明確化する。
・関連する文献を読む。

質的研究の進め方は，量的アプローチの実験研究と違って，あらかじめきちんと仮説や理論を定式化しておいてそれをデータで検証するという「仮説検証型」を通常はとりません。むしろ，研究を進めていくうちに仮説や理論を生み出していくというもので，「仮説・理論生成型」とでも呼べるでしょう。したがって，フィールドに入ってデータを収集しながら，研究課題に関わってさまざまに自分なりの仮説や理論を思いめぐらしていきます。たとえば，私は，ある中学校で授業の観察を始める前には，「中学校２年生の図形の論証の学習に困難を感じる生徒が多いといわれているが，いったいどのような指導がされているのだろうか」という漠然とした研究設問しかもっていませんでした。いったん，授業の観察を始めると，「証明」という考え方を理解すること，特定の証明のアイデアを理解すること，証明を話して説明すること，証明を書くこと等々，論証に関わっていろいろな営みがあることに気がつきました。すると，これらがいずれも同じ重要性をもつのだろうか，お互いがどのような関係にあるのだろうか，何がキーになるんだろうか，と考えをめぐらし続けました。そこで，たとえば，あるときは，「証明を書くことは，証明を口頭で行うことと同じではない」と暫定的に仮説を立てて，証明の書き方の特徴やその指導の局面に焦点をおいて観察やインタビューを進めてみたりしました。すると，たとえば，「口頭では証明がうまくできていても，書くことがスムーズにできない」場面のデータを注意深く見ていくことになるでしょう。その結果，証明の書き方の特徴についてさまざまな仮説を立てることができるでしょう。こうして，仮説・理論の生成（または修正）と関連するデータの検討とが交互に繰り返されていくのです。

このようにして研究の焦点を研究課題に照らし合わせながら絞っていき，それを中心にデータ収集を進めていくことが大切です。これを怠ると，量は多くても散漫で表面的なデータばかりになり，研究課題への理解が深まらないままに終わる危険があります。

このとき，データ収集の方法も，生成された仮説や理論を検討しやすいように工夫します。たとえば，前出の「口頭では証明がうまくできていても，書くことがスムーズにできない」場面を調べるために，そういう場面を示した生徒をインタビューするのもよいでしょう。また，そのときに，証明問題を課して取り組んでもらい，どういうところが難しいか話してもらうのも役立つでしょう。どの生徒を選ぶか，どういう証明問題を選ぶか，どういうふうに質問したらよいか等々について，それまで得ている観察データやフィールドの人々，ないしフィールドをよく知っている人々の意見などをもとに研究者は意思決定をしなければなりません。

したがって，観察にしてもインタビューにしても，それまでに得られたデータの暫定的な分析に基づいて，次の観察やインタビューの仕方を変更していく必要があります。量的研究では，たとえば，アンケートの質問項目はすべての被験者に対して同一でなければならない，という制約があります。どの被験者にも同じ条件でデータを集めることによって，一般性を保証しようとしているからです。しかし，質的研究では，一般性の保証よりも，現象への深い理解を追求します。それゆえに，現象理解を深めるのに役立つと考えられるなら，インタビューの内容を変えてもかまわないのです（図 6-1）。

仮説や理論がフィールドで生成された経緯やデータ収集の方法に関する意思決定の過程については，フィールドノーツに必ず書き留めていきます。たとえば，観察やインタビューの仕方をどういう理由でどのように変更したのか，そ

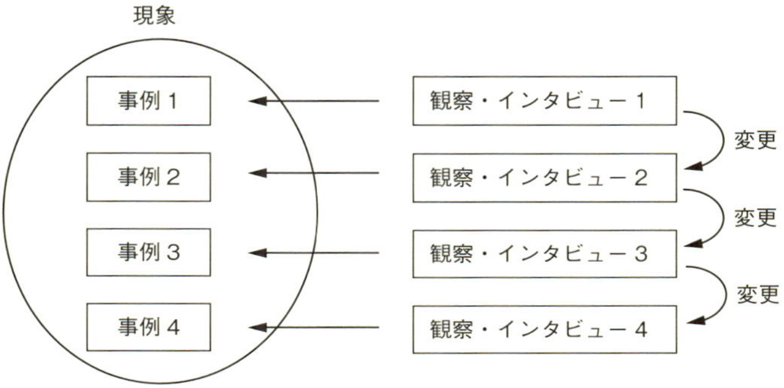

図 6-1　データ収集途中の分析を通じた変更

の検討の過程を書き留めておきます。仮説や理論をデータに適合したものへと洗練していくためや，意思決定をデータに基づいて注意深く進めるために，書き留める作業は不可欠です。さらに，書き留めることは，研究の焦点を明確化するのに役立ちます。

研究の初心者は，フィールドではデータ収集だけで精いっぱいで，以上のような分析をする余裕はあまりないかもしれません。研究の仕方を身につける最もよい方法の一つは，他のすぐれた研究をモデルとして利用することです。研究がどういう過程で進められ，最終的にどういう成果が得られそうなのかの見通しを，そのモデルをもとに予想していくとよいでしょう。関連する文献の中から自分の研究のモデルになりそうなものを探しておくとよいでしょう。

データ収集後の分析

1．コードとカテゴリー

質的研究は，教育現象の当事者たちがつくり上げている世界の理解を基本としており，当事者たちが置かれている状況や脈絡，当事者がもつ見方･考え方･感じ方，当事者たちの行為の意味やその機能を理解することが中心的な部分となります。したがって，データ分析では，それらを理解するためのヒントや手がかりとなるものをデータから抽出して分類する作業をします。

では，当事者たちがつくり上げている世界を理解するためのヒントや手がかりとなるものにはいったいどういうものがあるでしょうか？ これは，私たちが，見知らぬ人ばかりの集会や職場にはじめて参加したときや，新しい土地に引っ越したときに，そこの人々の様子を理解しようとするときに自然と目をつけるものと同じです。当事者たちの生活の中に，繰り返し現れて際立つ言葉，話題，行動パターン，出来事などです。たとえば，教員免許状を取得するために教育実習に行かれた方は，はじめての教育実習で学校現場にお世話になったときの経験を思い出してみてください。担当の先生から何度も「教材研究」という言葉を聞いたことでしょう。教科の指導では「教材研究」は授業の準備に当たっての基本になるものと現場では考えられているからです。しかし，実習生には，具体的に何をしたらよいのか，いまひとつ理解できないものであるの

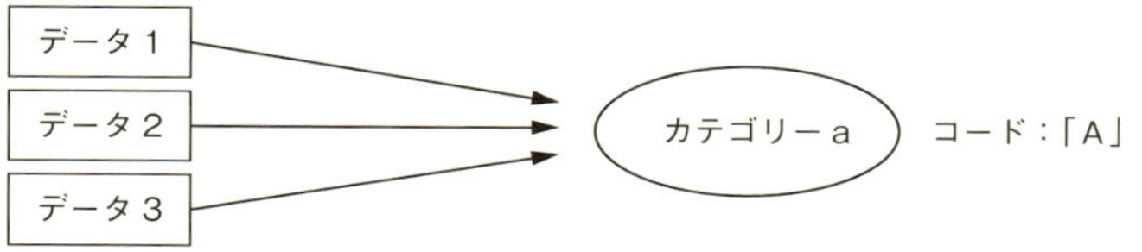

図 6-2　カテゴリーとコード

も確かです。実習生の授業の後の検討会で，「教材研究が足りなかった」と現場の先生がコメントするのを聞いて，「十分な教材研究ってどこまでやればいいのか」と考え込んでしまうかもしれません。そういう出来事の経験を手がかりに，徐々に「教材研究」という言葉がその現場でどういうことを指し，何を求められているのか，わかってきたでしょう。

データの中に繰り返し現れるものに気がついたら，それらをうまく言い表す名称や文句をそれらにつけます。これら名称や文句は，コード（code，符号）とよばれます。データの分析は，データを丹念に読んでコードを考案し，コードをデータにふっていく作業から始まります。同じデータに複数のコードをふってもかまいません。コードをふることによって，データが分類（グループ分け）されて整理されていき，データ全体を研究者の視野内におさめることが可能になります。

ここでデータの分類の際につくられるグループは，何らかの概念的まとまりがあるものにします。概念的に無意味なグループをつくっても現象の理解に役立たないからです。コードはグループの目印，名称，ラベルであり，グループをつくるときにもとにした概念的なまとまりが，「カテゴリー」（または，概念と呼ぶ場合もあります）とよばれるものです。この「カテゴリー」は，当事者の営みに関するデータから生成されてくるので，当事者の世界の枠組みを反映していると期待されています（図 6-2）。

2. 分析作業における暫定的コード化

ここまでの説明を読むと，フィールドに滞在していれば，「繰り返し現れる」現象が自動的に見えてきて，それらのまとまりを表すカテゴリーも自然に把握でき，コードは単にそれらのカテゴリーに名前をつける作業でしかないように思えるかもしれません。ところが，実際は，「繰り返し現れる」現象を，明確に見えるようにするには，多くの場合，かなりの意識的な努力を必要とします。「カテゴリー」を定式化するには，さらなる努力が必要となります。そもそも，「繰り返し現れる」ということを確認するためには，まず，その現象を明確に定式化してそのラベル（コード）を定め，データの中から，そのコードの生起する頻度を調べる必要があります。他方，ある現象を明確に定式化してコードを定めるのには，その現象に何度も出くわして特徴をつかむ経験が必要と考えられます。すなわち，「繰り返し現れる」現象を指摘することと，コードを定める営みとは，相互に依存しているのです。

「コードをふる作業」というのは，実際は，「繰り返し現れる」現象を推測して，その推測のもとで暫定的にコードをふってみる作業から出発します。文書化されたデータを，一行一行じっくりと読みながら，そのデータの断片が，当事者の世界のどういうカテゴリーを指し示しているのだろうかと思案します。そして，何か当事者の世界を理解していくのに役立ちそうだと判断したら，暫定的なコードをふってみます（この作業は，「オープン・コーディング」と呼ばれたりします）。

このとき，分析者は，「当事者から見るとどう見えるか」という当事者の視点を意識しながら作業します。一行一行，データの断片ごとに見ていく手続きは，非常に重要です。というのは，あまり大きな単位でデータを見ると，見方が大雑把になって，分析者が自分の思い込みや偏見にとらわれた断定をしてしまう危険性が高くなるからです。われわれの日常生活でも，他人から何かこまごまとした説明を受けたりすると，「要するに……だろ！」とひとくくりに断定して理解したつもりになる傾向があります。テレビや映画の推理物を見ながら，「たいてい犯人は一番怪しくないやつさ」と言ったりする場合も同じく，証拠や証言を丹念にチェックせずに単なる思い込みによる断定をしているわけです。こういう断定は，往々にして自分の都合によいような解釈にとらわれています。コード化とは，そのような分析者自身の思い込みをいったん留保して，一歩一歩当事者の世界へと歩みを進めるための地道な過程なのです。私自身，質的研究を始めた当初，コード化をそれほど重視せずに分析を試みた時期がありました。そのときに，自分がすでにもっていた理解を単にデータに当てはめているだけだという感覚を強く感じていました。何も新しい知見が出てこない作業に不安を感じたとき，質的研究法の書物を読み直して，もう一度基本にもどって，データを一行一行丹念に読みながらコード化を本格的にやってみました。すると，いままで見過ごしていた現実のプロセスがいろいろ見えてきて，コード化の重要性をさとり，分析のおもしろさを知ったことがありました。

テレビ番組のスポーツ・ドキュメントを想像してみてください。金メダリストやプロ選手の動きをスローモーションで再生しながら，一瞬の中にいかにさまざまな高度なテクニックと熱いドラマが凝縮されているか解説されています。そういうとき，ただ目立つ場面だけとらえて「すごい」「きれい」というような大雑把な感想を超えて，「なるほど，そういうことだったのか！」と，目からうろこが落ちるような気分を味わうでしょう。コード化の作業は，いわば，当事者の世界を「スローモーション」で再生しながら一瞬一瞬の意味を理解し，「目からうろこ」の理解を得ようとする試みにたとえられるかもしれません。

はじめは，それこそ，思いつきでどんどんとコードをふっていきます。その作業を続けながら，徐々に，暫定的にふったコードを見直しては，より適切なコードを考案していき，当事者の世界をよりよく反映したカテゴリーとコードの体系に近づいていくのです。その過程で，「繰り返し現れる」現象やカテゴリーが明確な形をとっていくのです。

データを「一行一行じっくりと読む」というと，すべてのデータの断片に何らかのコードをふらなければならないのではないか，という強迫観念にとらわれるかもしれませんが，その必要はありません。第一に，フィールドノーツや，テープのトランスクリプトは膨大ですので，その断片一つ一つにコードをふるのは，現実的ではありません。また，研究課題を深めるために分析を行っているのであり，研究課題の理解に関連がないと思われるデータは，コードをふる必要はありません。もちろん，当初関連がないと思われたデータがあとで関連していることが判明するようなこともあるでしょう。そのときは，コードを追加して再分析すればよいのです。コードをふるかふらないか，という判断も暫定的なのです。

暫定コード名は，分析のはじめでは，できるだけ当事者が使用する言い回しを利用するとよいでしょう。当事者の見方・考え方は特定の言葉使いに反映されることが多く，それらをコード名に利用すると，当事者の世界に根ざした理解がしやすくなります。これらは，インビーボ（in vivo）コードとしばしば呼ばれます。研究者はフィールドに入る前にいろいろな論文や本を読んで理論研究をしますが，そこで得た理論的用語をいきなりコード名に使うことは避けるべきです。というのは，それはフィールドに入る前に持っていた枠組みにむりやりにデータを当てはめてしまう危険があり，フィールドワークが，あらかじめ用意していた理論の単なる確認作業になってしまいます。立てた理論を確認するための研究というのも，もちろん重要ですが，フィールドワークの醍醐味は，定説や先入観を改めるような知見をもたらすところにあります。理論的用語は，ある程度分析が進んだ段階で，その適切さを判断しながら慎重に利用したほうがよいでしょう。また，いわゆる「客観性」「中立性」「論理性」に固執してコードを考案するのも避けるべきです。量的研究では，しばしば「発問」「指名」「回答」「フィードバック」「発表」，というような単純に行為を客観的に記述するだけのコードをあらかじめ用意してデータに機械的にふって，コードの出現頻度を調べたりしますが，それは質的研究のためのコードのふり方とは違います。そのようなコードをいくらつくっても，当事者たちのつくり上げている意味への理解が深まるかどうかは疑問だからです。

分析とは，データとの果てしなき会話を続けているようなものです。暫定コードをふる作業は，地道な作業で，時間がかかります。相手とのやりとりに疲れると会話を早々に打ち切りたくなるように，分析作業でもコードをふる作業を省略したり，表面的な理解だけでコードをふったりする誘惑にかられます。たとえば，授業の最初のころに，教師が「それで，えー，何するか。で，教科書はちょっとまだ閉じといてください」という発話をしたとしましょう。このデータの部分を読んで，「ああ，教科書使わないんだな」とだけ理解して，コードをふらずに先に読み進んでしまう場合もあるでしょう。こういう何気ない授業中の発話でも，一歩立ち止まってみて，それがなんらかの興味深い意味をもっていないか，いろいろな側面を思いめぐらしてみると，授業過程をより深く理解する手がかりを与えるものとしてコードをふる必要性が出てくる場合があります。なぜ，教科書使わないのだろう？ 自分の教科書なのになぜ開けていけないのだろう？ もし教科書を開けてしまうとどんな展開が生まれるのだろう？ 生徒はこのとき何を教師に期待するだろう？ 教科書って何のためにあるのかな……というように考えをめぐらしてみると，上記の発話が，途端に興味深いデータに見えてきて，たとえば，「教科書を閉じる」あるいは少し一般的な「教科書の役割」等のコード名をつくってふったりできるでしょう。

3. コードの種類

コードの考案は，データ分析の基礎になる作業です。どのようなコードを作成したらよいかという問題は，研究課題や理論的枠組みによってさまざまです。よく利用されるコードの種類として ボグダンとビクレン（Bogdan & Biklen, 1992）があげているものを，参考までに説明します。なお，本書末尾の資料に，私が参加した中学校数学の授業分析プロジェクトで行った初期のコード化をサンプルとして収録しましたので参考にしてください。

(1) 設定・背景

研究対象とする場所や人々についての最も一般的な情報に関するコードです。ある地域の A 小学校の授業を研究している場合なら，まず，A 小学校についてのさまざまな資料を学校要覧，学校通信，地域新聞に載ったその学校に関する記事などから集めることがあるでしょう。また，A 小学校について町の人々や PTA の人々の声を聞くこともあるでしょう。そして，A 小学校の校長や教諭から自分たちの学校についての話を聞くこともあるでしょう。そのようなデータには A 小学校を取り巻くさまざまな背景にかかわるものが見られます。そこから，たとえば，「塾通い」「大規模校」「新興住宅地」というようなコードなどが重要になるかもしれません。

(2) 状況のとらえ方（definition of the situation）

人々が自分たちの置かれている状況をどうとらえているかに関するコードです。たとえば，しばしば，学校の先生方は授業研究の中において，「教師は授業で勝負する」とおっしゃいます。これは，教師の仕事の中で授業の場が最も重要な位置づけであることを言い表したものです。たとえば，「授業以外のことに追いたてられていて，あまり授業の準備ができないんですよ。本当は授業で勝負したいんですが」というような発言データがあったとしたら，「授業に対する教師のとらえ方」や「授業以外のこと」等のコードをふることができるでしょう。

(3) 参加者が共有している規範や経験則

これは，研究対象とする人々自身が生活の中で共有している規範（きまりごと）や経験則を表すコードです。たとえば，私がフィールドワークを行った中学校２年数学の図形の論証の授業の中では，「理由」を書くことが重要なきまりとして位置づけられていました。私は，データ分析のはじめのころ，そのきまりに「なんでか」というコード名をつけたことがあります。このコードをふったデータが以下のものです。

T（教師）:「結局みんなこれ［OD = OB］が言いたいんや。これが言いたいん。これを言いたい。けど，ただいきなりさ，まあ OD でも DO でもいいけどさ，OD イコール OB っていきなり書けんよ。」

片山:「なんで？ 」

T:「なんでかって聞かれたときにどう言う？ 書いてないよここに。」

片山:「書かにゃいけんの？ 」

T:「その説明が要ります。」

(4) 他の人々や事物について当事者が抱く見方

これは，人々がお互いや外部の人々あるいはその場にある事物に対して抱く見方・考え方を示すコードです。たとえば，生徒たちについて教師にインタビューすると，たいてい教師は，個々の生徒たちを「できる子」「できない子」「目立つ子」「静かな子」等に分類するものです。これらのインタビュー・データには「教師による生徒の見方」やその分類の名称のコード名をつけることができます。教師によるこれらの分類は，たとえば，教師が生徒を授業中に指名したり，グループ活動を組織するときに使われる重要なものです。中学校の授業観察をしたとき，インタビューで教師がクラスの生徒についてコメントした部分の記録を見てみましょう。

▶▶▶

T:「B組は,結構おもしろい子がいるんですよ。[隣にいる別のクラスの生徒:「うん，あそこはなんかそろってるよね。」] 片山，て子いるでしょ。彼がいまがんばってくれてるので，うまくいってます。あの子が活きるかどうかで，かなり違うんですよ。影響力が大きいですからね。」

このデータは，教師が片山という生徒をクラスの活気を左右するキーとなる存在として見ていることを示しており，「教師による生徒の見方」やその下位コード「影響力の大きい子」というコード名をふってよいでしょう。

また，私が研究した中学校２年の図形の論証の授業の中では，教師も生徒たちも数学の問題を，「証明」と「角度や長さ」の２つに分類していました。テストが近づくとテストでは角度や長さがどれくらいあるのか，証明があるのかどうかが授業中に話題になりました。こういう場面のデータには,「数学の問題」というコード，およびその下位コード「証明」や「角度や長さ」をふるとよいでしょう。

(5) プロセス（過程）

これは，さまざまな営みの時間的推移や変化の様子をとらえるコードです。たとえば，数学の授業はしばしば,「宿題の解答」－「復習」－「教師による今日の課題の提示」－「個別またはグループでの課題解決」－「全体での話し合い」－「まとめ」－「宿題」という流れでパターン化していました。この授業の「流れ」を構成する７つは，授業過程を理解するためのコードといえるでしょう。米国の数学の授業は必ずしもこういうパターンでは進められないことが知られており，上記の７つのコードは，授業の比較文化的研究をするときには役立つかもしれません。

学級や学校組織の変容過程を分析する研究では，当然，この部類のコードは重要です。たとえば，学級崩壊のプロセスを分析した研究には,「児童への教師の違和感」－「教師の管理の強化」－「少数の子どもの反発」－「反発の広がり」－「学級の崩壊」という一連のコードと合う事例が見られます。

(6) 活動

これは，頻繁に起こる行動を指すコードです。学校やクラスの「行事」のような形式ばったものから，授業中の「答え合わせ」「周りとの話し合い」「発表」「机間指導」などのような形式ばらないものまで含まれます。次のデータは，中学校の授業で生徒が黒板で解答を説明する場面の記述で，「黒板での発表」というコードをふることができるでしょう。

▶▶▶

武田が黒板へ行く。T は，教室の後ろで立って見ている。

武田：「えーと，70 度と対頂角が，対頂角で等しいのでここが 70 度。[S：「先生違うぜ。」，Ss 笑い。] うるせえ，おまえは。ここの 80 度と，ここの対頂角が等しいので，ここが 80 度で，[T：「福井，聞いちょけよ。」] で，ここがここで 180 から 70 プラス 80 をひいて x が，えーと，30 度，30 度。終わり。」

(7) 出来事

これは，頻繁には起こらないものの重要な意味をもつ行動を指すコードです。たとえば，生徒が授業中に他の生徒と激しい口論をするような場面や，教師が授業時間をつぶしてクラス全体に延々とお説教をするような場面は一般的には頻繁に起こらないでしょう。そういう場合，「激しい口論」や「長い説教」というようなコードがふれるでしょう。また，私が米国の高校の数学のクラスを観察していたとき，正解のない問題を教師がテストに出してしまって，テストの採点法についてクラスで議論になったことがありました。この出来事は，たとえば，「教師の間違い」というコードをふることができるでしょう。教師の間違いは頻繁に起こることではありませんが，数学やテストにおける「間違い」についての教師や生徒の見方を形づくったり，教師と生徒の間の力関係を左右しかねない貴重な「事件」でした。

(8) ストラテジー

ストラテジー（方略）は，人々が何らかの事柄を成し遂げるために意識的に行使するさまざまな手段，方策，テクニック，作戦などを指します。教室では，教師は，生徒が教師の話を聞くようにするため，生徒に考えさせるため，生徒が宿題をやってくるようにするため等々，生徒に対してさまざまなストラテジーを使います。生徒もまた，教師から問題の解答のヒントを得るために，試験でよい評価を得るために，教師に誤答を見つけられないようにするために，教師の注意をそらすため等々，さまざまなストラテジーを使います。

私が中学校2年の「不等式」の授業を観察したときのフィールドノーツから,「穴埋め形式」とでもコードがつけられるストラテジーの例をあげましょう。教師は「不等式の利用」というタイトルのプリントを配りました。最初にある例題は,「2000円持って，ハンバーガーショップに行き，1個250円のハンバーガーを何個かと，200円のポテトを1個食べたい。しかし，その後，マンガを買いたいので350円以上残したい。ハンバーガーを何個まで食べることができるか」というものでした。教師は，この問題を不等式を利用して解くようにと説明しました。プリントには，穴埋め形式ですでに解答が書かれていました。

T はすでに「虫食い」をつくってあると言い，Ss に空欄を埋めて書いてみるように言う。

［板書］解

________________ を x 個食べるとすると

2000 －（______＋200）___ 350

T：「最初の3行だけ一緒にやります。そうすると一緒にやれる。」

T，残したいお金（右辺）と残るお金（左辺）とでどっちが大きいか聞く。

T：「残るお金が500円だったら？」

Ss：「いい。」

T：「残るお金が200円だったら？」

Ss：「ダメ。」

T，そこで不等号を≧にする。

この穴埋め形式の利用は，生徒を解答に参加させかつ生徒の解答の仕方を一定のものにするための教師の「手立て」であり，ストラテジーとみなすことができます。というのは，まず，空欄という形で生徒が作業する場が設けられており，生徒は空欄を埋めなくてはなりません。しかし，空欄は，たいてい短い単語かきまり文句を埋めるようにできており，また，前後の文脈が提供されているため，生徒の解答の自由度はきわめて限定されています。実際，空欄の答えはほぼ唯一になるようにつくられていて，教師は生徒の反応を評価しやすくなっています。さらに，空欄は学習のキーポイントとなる部分に設けられており，生徒の関心が必然的にそこに焦点化されるように工夫されています。穴埋め形式の利用は，生徒の参加の仕方をコントロールして学習目標を達成するための伝統的で巧妙な手段といってよいでしょう。

(9) 人間関係および社会的構造

このコードは，人々の間に形成されている「仲間」「友だち」「敵」「師弟」等々の関係，およびそれら全体が形づくる社会的構造を指すものです。次のデータは，中学校のクラスで，ある生徒が授業中に特定のある生徒を頻繁に助けている関係を記述しているものであり，「師弟関係」とでもコードづけできるかもしれません。

▶▶▶

松田が長沢と話している。

［松田のノート］

仮定より　AP=CR . . . (1)

AS=AD-SD

CQ=CB-QB

AS=CQ . . . (2)

OC　長沢とほぼ同じ。長沢の助けで書いているようだ。

長沢：「角 PAS イコール……平行四辺形……」

松田：「向かいあう角が等しい……」

(10) 方法

フィールドノーツの中には，研究を進める過程での行動計画の立案や修正，直面した問題，経験した困惑なども記録されます。研究の進め方自体に関するこれらの記述は，「方法」というコード名をふって，研究方法の分析に役立てます。このコードがふられたデータは，データ収集途中であれば，次のデータ収集の方法を検討するときに役立ちます。また，データ収集が完了したときには，研究論文をまとめるときに，研究方法を議論する箇所で重要になります。次のデータは，中学校で昼休みに2人の生徒に数学の証明問題に取り組ませながら行ったインタビューについての反省を記述したものです。

▶▶▶

「インタビューについて」

2人だけでできるだけ取り組ませようとした。しかし，5分以上進展がなかったので私の介入が始まった。まず，よさそうなところから書き留めさせた。書き留めることで次のことへ注意を集中させやすかった。2つの三角形の角度の等しいことを示すところが最も難しいところと考えられる。やはり，そこで行き詰まってしまったので，かなり具体的なヒントを私から出した。このように進行をうかがいながら少しずつ助けていくのが本来のscaffolding（足場設定）であると感じる。穴埋めは，一斉指導の場で限られた時間内で進めるときの簡便法に見えてきた。

証明を終えるだけで30分以上かかってしまった。問題は授業で扱ったものと内容が同じであったが，穴埋めでないだけ難しかったのか。証明についての考えを聞こうとしたが，生徒は弁当を食べるのに忙しかったこともあってか何も答えてくれなかった。もう一度別の生徒で，この次はもう少し積極的な生徒で試してみたい。

弁当を後回しにして問題を考えさせたのは，気の毒にみえた。

データ分析の手順

データ分析の具体的手順は，研究の規模や研究のスタイルによってさまざまです。ここでは，1人の研究者が数か月程度で行う比較的小さな規模の研究の場合に役立つ手順を説明します。

1. フィールドノーツの整理

研究日誌，観察ノート，インタビューやビデオのトランスクリプト等を，分類や検索が円滑に進むように整理します。たとえば，日付順に整理し，ページ番号をふり，バインダーに綴じてタイトルをつけるといった作業です。それと同時に，オーディオ記録やビデオは，すべて記録した日付や場所を書いたラベルを見やすいところに貼り，順序よく棚や箱に並べます。メモリーカードやハードディスクに保存してある場合には，一か所にまとめて，ファイルやフォルダを整理します。生徒のプリントやテストのコピーのような文書も，氏名のアイウエオ順に並べて，ファイルボックスなどに保管します。

私の場合は，フィールドノーツをパソコンに打ち込んでいます。ファイル名を「10/24-26/97」というように，日付でつけなおし，ファイル名と同じヘッダを各ファイルにつけます（1 ファイルは 10 ページ前後になるように調整してます）。さらに，行番号を自動的につけるワープロソフト（たとえば，Microsoft Word）によって，各ページに，上から順に行番号をふります。ヘッダや行番号をつけておくと，後で検索するときに便利だからです。

なお，パソコンにデータや文書ファイルを保存して作業する場合には，必ず他のメディアにバックアップをとっておくようにします。万が一，パソコンが故障しても，貴重な研究資料が失われないように備えておかなくてはなりません。ビデオデータの保存などは大容量を必要としますので，RAID 機能をもつ外づけハードディスクなどを活用するとよいでしょう。

Microsoft Word を使用する際には，アウトライン機能を活用することもできます。アウトライン機能を利用するとテキストに見出しをつけて管理することができます。アウトライン機能は，Microsoft Word にはじめから登録されているスタイル名「見出し」を利用しています。見出しスタイルは，「見出し 1」「見出し 2」……という順で，大きい見出し用から小さい見出し用まで用意されています。表示をアウトラインモードにして操作すると，テキストをどの見出しにするか自由に選択することができます。操作の仕方は Microsoft Word のマニュアルを参照してください。

最後に，分析作業用の十分な余白を右側につけてプリントアウトし，2穴バインダーに日付順に綴じていきます。もちろん，プリントアウトせずに，パソコン上で分析作業もすべて行うやり方もありますが，初心者には向かないかもしれません。

2. フィールドノーツの通読とコード化

精神的にゆとりのあるときに，フィールドノーツを一文一文通読していきましょう。読みながら，コードに使えそうな言葉を考えてメモをとっていきます。そうして得られたコードのリストを作成します。そして，そのリストを検討します。

● コードとデータの間の関係

それぞれのコードは，どういうカテゴリーのデータを指しているのか。質的に異なるデータが混在していてカテゴリーが複合的で取り扱いにくい場合は，カテゴリーを分割してサブカテゴリーを設け，もとのカテゴリーに対応するコードも細分化する必要があるかもしれない。

● コード間の関係

それぞれのコードの指すカテゴリー同士にどういう関係があるのか。いくつかのカテゴリーをグループ化して，上位のカテゴリーおよびそれに対応するコードを考案する必要があるかもしれない。

この検討を通して，組織立ったコード群（コーディングシステム）をつくっていきます。それに応じて，フィールドノーツを一文一文丹念に読み返しながら，データにコードを暫定的にふっていきます。その途中で，必要に応じてコーディングシステムを修正し，コードをふり直します。分析作業は，このようにフィールドノーツとコーディングシステムとの絶えざる往復をしていくことになります。

フィールドノーツを Microsoft Word で入力してある場合は，コードを上述のアウトライン機能を利用して，「見出し」としてテキストにふることができます。ただし，適当に「見出し」のスタイルを変更して表示を見やすくする必

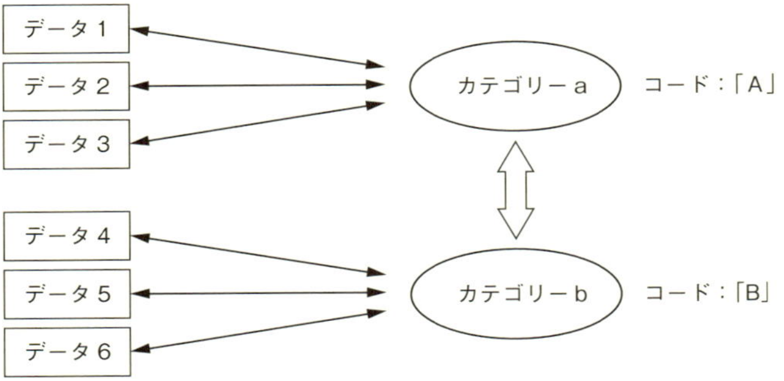

図6-3　データとカテゴリー間およびカテゴリー同士の関係の検討

要があるでしょう。また，目次作成機能を利用して，後でコードの目次を作成することもできます。これに慣れると，プリントアウトしなくても，パソコンファイル上だけで分析することも可能です。

3.　全体像の再構成：パターン，構造，説明モデル，理論，文化的テーマ

データをカテゴリーに分類・整理していき，カテゴリー同士の関係を検討していく中で，焦点を当てていた教育現象がそれらカテゴリーからどのように構成されているかを考えていきます。これは，現象を切り刻むコーディングの過程とは，いわば反対の過程であり，現象の再構成へと向かうものです。それにより，当該の現象が全体としてどのように生成・維持・変容しているのかを描き出します。そのとき，現象を支配する全体的パターンや構造をつかまえたり，現象を説明する理論やモデルを構築していきます。

また，文化人類学の伝統を踏まえて，特に当事者たちの構成する世界を一つの「文化」として理解する立場をとる場合は，当事者にとっての個々の意味を理解することを越えて，個々の意味を関連づけている中心的考え方（文化的テーマ）を追究します。文化的テーマとは，音楽にたとえれば，曲の主題にあたるものです。交響曲の一つの楽章でも，ジャズの一つの曲でも，必ずそれ全体を支配するいくつかの曲想があり，さまざまなバリエーションを伴いながら繰り返し曲の中に現れ，その曲を意味づけます。文化研究でのデータ分析では，テーマとは当事者の世界にさまざまな形をとりながらも繰り返し現れ，当事者

の世界の意味づけを支配する中心的考え方を指します。ただし，テーマは，一つである必要はありません。普通は，いくつものテーマが存在し，状況に応じて互いに関連し合うものです。過去に文化人類学では，ある一つの包括的テーマで特定の文化全体を説明する試みがありましたが，これは現実的でないだけでなく，分析が一面的になる危険性があります。

全体像をカテゴリーから再構成する筋書きや，文化的テーマを見い出していく作業は，かなり想像力や創造力を必要とするところです。1,000 ピースのジグソーパズルを組み立てていくようなもので，単にデータやカテゴリーを眺めていれば自動的に浮かび上がってくるものではありません。関連する研究や理論の文献を丹念に読み，自分の中に豊かなアイデア（概念的道具）を日頃から貯えておくことが大切です。そして，データ収集中にさまざまな仮説や理論を生成してフィールドノーツに書き留めておくと，それらを発展させるだけで比較的自然にテーマが現れ出てくるものです。また，特定のアイデアだけに固執しないで，データに応じて柔軟にアイデアを選んだり変更したりする姿勢が必要です。

これらデータ分析の過程を助けるために，さまざまな「発想法」が提案されています。まず古典的なものを紹介します。これは，文化人類学者川喜田二郎の「KJ 法」（川喜田，1967）に類似したものです。

①コーディングされたフィールドノーツのコピーをつくります。フィールドノーツの原本は手を加えないで保存しておきます。
②コピーのほうをはさみで切って，一つの断片には一つのコードがついたデータがあるようにします。このとき，それぞれの断片には，フィールドノーツの日付やページ番号を書き込み，フィールドノーツのどこにあったかがわかるようにします。
③同じコードの付いた断片を一か所にまとめます。そうすると，断片の山がいくつもできます。
④山ごとに断片を集中的に読んでいき，文化的テーマや全体的パターンを探っていきます。広い部屋の床に，断片をグループ化して並べて広げ，上から眺めながら，断片と断片の間の関連を発想したりします。

このやり方の難点の一つは，はさみで切ったり，断片に日付やページ番号を書き込んだりという機械的作業が膨大になりうることです。また，一つのデータに複数のコードがふられているところでは，コピーを何部もつくっておかなければなりません。

上記のようなやり方を私自身何度か試みたことがありますが，途中で挫折しました。問題は，このやり方ではデータを物理的に切り刻んでしまうため，データの前後の文脈がわからなくなりがちな点です。データの断片を眺めても，文脈がわからないと意味不明のものもかなり出てきます。だからといって断片に文脈情報を書き込もうとすると，作業はさらに膨大になってしまいます。結局，フィールドノーツの原本を開いて，断片の箇所を探し出してその前後を読む過程が必要になってきます。これでは，せっかくつくった断片がフィールドノーツの索引代わりにしかならないことになります。

ただし，発想を刺激するために，データを意図的に文脈から切り離してみることは役立ちます。実際，「文脈」情報が人々の推論を方向づけてしまうことはよく知られています。たとえば，「11 月末，北風が吹いて冷え込んだ早朝，コンビニの近くで，白いマスクをして，茶色のニット帽，ベージュの上着にジーンズと白いスニーカー姿の 20 代後半と思われる男性とすれちがった。」という記述を読むと，「11 月末，北風が吹いて冷え込んだ早朝」という文脈情報から，「寒い季節にはありふれた光景だ」とすぐ解釈して特に気にせず，「すれちがった男はコンビニ強盗で白いマスクとニット帽は顔を隠すために使っている」という解釈は思い浮かびにくくなるでしょう。ビデオデータを視聴するときも，視覚的情報が多すぎて，それを追うのに気を取られて，想像力がそがれる場合があり，むしろトランスクリプトだけ読んでいたほうがアイデアが湧く場合があると思います。それゆえに，文脈情報を読み込んだり，文脈情報から切り離したりと，データと文脈情報の行き来を柔軟にし，データをさまざまな角度からとらえることが大事です。

私が以前よく使ったやり方はこうです。

①フィールドノーツ（またはそのコピー）はすべて A4 版に統一して 2 穴バインダーに綴じて，右側の余白にコーディングしておきます。コードは，

右隅より1センチ以上内側に書くようにします。

②小さい付箋を用意します。いろいろな色のものを用意するのもよいでしょう。

③各コードごとに，フィールドノーツのどの位置に付箋を貼るかを決めます。ページの右上から右下へと位置決めしていきます。それで足りないときは，ページの上部を右から左へと使っていきます。コードの数が多いときは，いくつかの関連するコードが同一の位置を共有するようにします。

④付箋を実際にフィールドノーツに貼っていきます。

⑤同じコードが付いているデータを付箋を頼りにして探し，データを時間をかけて丹念に読んでテーマを探っていきます。特に重要なデータは，付箋に書き込みをして目立つようにしたり，色の目立つ付箋を使ってもよいでしょう。いくつかのコードをまとめたいときには，付箋を貼り直すのもよいでしょう。

このやり方は，フィールドノーツにある形のままでデータを読んでいくため，データの置かれた文脈を見失うことはありません。しかも，付箋を貼る作業は，はさみで切り刻む作業よりはるかに楽なうえ，貼り直しができるため，やり直しもできます。断片と違ってデータを並べて一望することはできませんが，これは思ったほど欠点ではないでしょう。実際の分析作業は，テキストデータの断片を一つ読んでは思案し，また次の断片を読んでは思案し……，と進めていくので，「一望」する必要はそれほどないからです。

今日では，コンピュータにフィールドノーツを打ち込むことが普通なので，データベースソフトをうまく工夫すると，パソコン上で上記と同じ作業を行うことが可能で，労力を軽減することができます。実際，海外では質的研究用のソフトウェアが多数開発されています。

さて，現象理解のために重要と思われるカテゴリーやカテゴリー間の関係の候補が浮かんできたら，それについての分析メモを，データとは別のファイルに，たとえば，以下のような様式（参考：木下，2003，pp. 187-206。ただし，質的研究一般に活用できて，かつ初心者にもわかりやすい用語に修正しています）で，作成していきます。

タイトル	カテゴリー名，またはカテゴリー間関係の名称
説　　明	上記カテゴリーまたはカテゴリー間関係についての説明
データ例	データ抜粋，データの所在情報，［データ解釈の補足・解説等］ ……
考　　察	このカテゴリー，またはカテゴリー間関係についての理論的考察

「説明」欄は，そのカテゴリーやカテゴリー間関係の特徴や，それが現れるコンテクストについて簡潔に説明します。データ例は，フィールドノーツの中から抜き出してくるわけですが，コンピュータにデータが入っている場合は，コピー＆ペーストで容易に作成できます。データを抜粋するときは，必ずフィールドノーツのどこからとってきたか所在を明確に記載し，後で容易に検索や確認ができるようにしておきます。そして，データだけでは解釈のポイントがわからないので，抜粋データの解釈のポイントに下線をひいたりしておきます。また，必要があれば，括弧［ ］で解説をつけておきます。データ例は，さまざまな種類のものを含めるように心がけます。事例として狭い範囲のデータしか見つからない場合は，分析にあまり有用ではないのかもしれません。

㊐例 分析メモ

タイトル	「言える・言えない」
説　　明	証明問題を議論しているとき，教師や生徒たちは「言う」「言える」，あるいは「言えない」という言葉のやりとりをする。
データ例	・T：「対頂角は等しいんだという理由で<u>言える</u>。」（12月9日） ・T：「関係ない三角形の合同<u>言っても</u>しゃあねえよな。最終的にはここに持って行くんだから，結論に持っていくんだから。これとこれが長さが等しいんだと<u>言うため</u>にはどちらの証明をしていけばいいんでしょう。」（12月10日） ・野口：「CDとEBが等しいって<u>言ってない</u>から，いち［(1)］といち［(1)］が等しいとは<u>言えない</u>んじゃないか。」（12月10日） ・T：「それでいいですよね。この小さい2つの三角形が合同だって<u>言えれば</u>，MDとMEは等しいと<u>言えます</u>よね。」（1月29日）

考　　察	ここでは,「言う」「言える」というのは, もちろん, 発言することとか発言能力の有無の問題ではない。ある命題を「言う」とは, それを理由づけて（すなわち, 説明して), 断定し, さらにはそれを書く行為までを指していると考えられる。「言える」は, その意味での「言う」ことが可能であるということを指し, 理由づけできないことは「言えない」ものであり, 証明の結論などは証明の最後になってやっと「言える」とされるのである。ここでは, 証明で構成されるテクストについての議論が行われ, メタ言語が交わされている。この背景には, 証明が言葉で書かれるものであるがゆえに, そこに現れる命題や推論を対象とした議論がより容易になってきたという状況が関係していると考えられる。いずれにしろ, 人間のディスコースの基本行為である「言う」ということが, 証明の議論をしているときには通常とは別の意味あいをもってきているのである。この現象は, 証明問題を扱うところで際だっており, 証明の学習というものが, 数学的議論の新しいディスコースの学習であることを示していると考えられる。

こうして作成されるメモの内容を, データ分析過程を通じて, 何度も読み返しては分析がデータにフィットするように修正を続けていきます。私は, これらのファイルを, 最初は, テキストエディタ（フリーソフトで便利なものが多くあります）で作成するようにしています。Microsoft Word より立ち上がりがすばやく, メモを迅速に作成したり修正するのには重宝します。これらメモのうち, いくつかは後で使われなくなったり, 他に統合されるものもあります。分析の中心的なメモとして生き残り, 重要性が出てきたものについては, 分量が大きくなったところで Microsoft Word などのソフトへ移行するようにしています。そのとき, それらのメモが研究論文をまとめるときの核になります。特に,「考察」の部分は, 論文の一部にそのままなっていくこともあり, この部分が充実してくると, 論文の形がはっきりと見えてきます。

第Ⅰ部…入門編

7　研究のまとめ

研究をまとめて書き上げる過程は骨の折れる作業です。しかし，研究を論文や報告という形あるものに結晶させ，それを公表する過程は，研究を社会的に価値あるものにするために不可欠なのです。研究によって何らかの新しい発見をしてもそれが公表されなければ，社会の役には立たないのです。また，公表して他の人の意見や批判を仰がなければ，研究はただの自己充足的行為に終わってしまいますし，研究者としての成長も望めないでしょう。ただ，心理的ストレスのかかる作業とはいえ，研究テーマや課題を検討し始めたときから，研究日誌を継続的につけていれば，実は，論文や報告のかなりの部分はすでに書かれているはずなのです。

研究をまとめていく過程で，研究はいっそう深まるものです。というのは，筋道の通ったものに書き上げていく過程で，研究課題がより明確にとらえられたり，研究方法や分析の限界がみえてきたり，研究成果の価値や今後に残された課題がはっきりとしてくるからです。論文は，一挙に成し遂げられるものではなく，関連文献，研究課題，研究方法，データ収集と分析等を何度も見直しては書き直す作業を繰り返してやっと仕上がるものです。

質的研究の論文は，自然科学の実験研究のまとめ方とはかなり違います。仮説，実験方法，結果，考察，という順番で記述すると決まっているわけではありません。序論，本論，結論という３つの部分から構成されることは，どんな論文でも共通ですが，その中身は書く人のスタイルによって大きく異なります。初心者は，質的研究の論文をいくつか読んでみて自分のスタイルに合うものを見つけて，それをモデルにして書き進めてみるとよいでしょう。いずれにしろ，読者に「説得力のあるストーリーを語る」ことが肝心です。どういう課題にどういうやり方で取り組んだのか，どんなデータからどういう結論を導いたのか，そして，結論にどういう意義があるのかを，明確に読者に伝えることが基本です。

序論部分

論文の中身である本論に入る前に，論文には書いておかなければならない，いくつかの事項があります。それらは，事務的な部分もありますが，自分の研究内容を位置づけたり，研究内容を他の研究者に伝えたり，他の研究者に利用してもらうのに重要な役割をもっており，おろそかにはできません。

1. タイトル

論文のタイトルは，まさに論文の「顔」です。タイトルについては，論文を構想している段階から考え始めますが，論文内容をよりよく伝えるものでなくてはならないので，論文が仕上がるころに，最終的に決定するものです。読者は，タイトルから論文の内容をイメージして，論文内容へのなんらかの期待をもちます。執筆者の意図と読者の期待がうまくかみ合っている状態を“author-reader contract”（書き手と読み手の間の契約）といいますが，この契約をつくり上げることが大切です。論文の内容と合わないようなタイトルをつけると，執筆者が伝えたい事柄を読者が誤解したり，あるいは読者が「期待を裏切られた」として論文の価値を認めなかったりする危険性が高くなります。

最終的なタイトルのつけ方としては，漠然としたものよりも，研究内容の最も重要な部分が伝わるように焦点化したものが望ましいです。焦点化されたタイトルをつける作業の中で，執筆者は，自分の研究のエッセンスがどこにあるのかを明確にとらえられるようになっていきます。それゆえ，漠然としたタイトルをつけたりすると，読者は，その論文は十分に焦点化されないままに書かれた質の低いものだと受け取るでしょう。ただ，反対に，あまりに詳しすぎるタイトルをつけると，重箱の隅をつつくような狭量な研究の印象を読者に与えてしまうので，バランスが大切です。そこで，ある程度一般的なトピックをメイン・タイトルにもってきて，サブ・タイトル（副題）として，狭く焦点化したタイトルをつける，というやり方がよくとられます。

㋐例

「数学的問題解決の研究」

あまりに漠然としています。数学的問題解決は今日では幅広い研究領域です。そのどこに焦点を当てたいのか明示するべきです。

↓

「小集団における数学的問題解決過程の研究：メタ認知活動の変容」

数学的問題解決の研究の中でも，小集団の活動に限定して，それがメタ認知過程にどのように作用するかを考察するのだ，ということがよくわかります。

2. 要　約

論文の要約は，読者に論文の概要を伝えたり，データベースの検索用テキストになったりします。論文の主要な構成要素，すなわち，(a) 研究課題，(b) 研究の背景や意義，(c) 研究方法，(d) おもな結果，(e) おもな結果についての考察，は必ず盛り込むようにします。ときどき，初心者は要約を「序文」と勘違いして，(a)(b)(c) だけ説明して，「……を研究しました。」で結んでしまい，どういう結果になって，その結果がどういう意味をもつのか，を書いていない場合がありますが，それでは不十分です。要約は論文の一部ではありません。要約だけで独立して理解できるように書きます。要約の文章中に「詳しくは論文参照」とか，論文中に「要約参照」というような記述を含めてはいけません。忙しい読者は，あなたの論文を読むかどうかをその要約を読んで判断します。したがって，明確で，かつ興味を引くように研究内容を記述する必要があります。短い文章であっても，「何をどう研究したのか」「どういう興味深い結果が得られたのか」がはっきり伝わるように書いてください。

要約は論文が仕上がってからつくるもの，と考えられがちですが，必ずしもそうではありません。長い論文を書き始める場合，論文のアウトラインをイメージするために，暫定的に要約を先に書き上げてみるやり方もあります。そして，論文の執筆作業の中で，要約と本文を照らし合わせて，要約を書き直したり，本文を書き直したりして，論文執筆作業のガイドとして活用することも可能です。

3. 目　次

目次は，論文がどのように構成されているのかを示すものです。目次を見ると一目で，どういう事柄が，どのように関連づけられて，どういう順序で論じられているのかが読者に伝わることが理想的です。そのためには，どういう章や節を立てるか，章や節の見出しをどうつけるかを執筆の間に何度も検討することが大切です。目次を眺めてみて，「この章は，研究課題と関係あるのか」「タイトルにあるこの話題を扱う箇所はどこにあるのか」「この節は，この章の中に入れるのは不自然じゃないか」「この章が先に来るのはおかしい」というような疑問がすぐに生じるような場合は，論文の構成が十分に練り上げられていないのかもしれません。

4. 序文（はじめに）

序文では，どうしてその研究をするに至ったかの説明をし，研究課題を明確に提示します。上述の「要約」と同じく，読者に論文の概要を伝える役割をします。ただし，要約は論文とは独立した文章ですが，序文は論文の一部であり，書き出しです。したがって，

①研究課題
②研究の背景や意義
③研究方法

について，簡潔に述べます。まずはじめに，「何を研究したのか」が明確に伝わるように研究課題を示します。研究の背景や意義を論じるには，関連する先行研究に言及する必要がありますが，ここでは簡潔にとどめ，その詳細は，後の章で別に論じます。研究方法についても，後の章で詳しく説明することになりますので，研究課題にどうアプローチしたかを簡潔に触れるにとどめます。「要約」の場合とは違って，研究結果や結果の考察については触れません。

なぜこの研究をするに至ったかの説明には，研究上の価値や教育上の意義と

いうような「大義名分」を論じて，研究の正当化をする必要があります。しかし，特定の研究テーマや研究課題の選択には，研究者本人の個人的な背景や関心が当然影響しています。その個人的な背景や関心は，質的研究法では，研究課題の設定，研究手続きやデータ解釈等に重要な影響を与えると考えられています。それゆえ，「研究の背景や意義」の説明の中に，研究者本人の個人的な背景や関心についての説明を含めてもよいでしょう。もちろん，それは研究の進め方への影響を研究者自身および読者が査定するため資料として述べるにとどめ，個人の過剰な思い入れを書くことは慎みます。特定の研究テーマに心酔してしまい，散文詩か浪花節のような情緒たっぷりの序文を書いてしまうことがときにありますが，そうなると，他者からの批判を寄せつけないような雰囲気を生み出してしまい，研究論文としての性格を失う危険性があります。

5. 先行研究の検討（概念枠組みの設定，および研究課題の具体化）

西欧のメタファ，“standing on the shoulders of giants”（巨人の肩の上に立つ）にあるように，どんな研究も，先人の研究からの多くの知見の恩恵を受けています。自分の研究課題に関連する問題に対して，先行して行われた諸研究に敬意を払わなければなりません。一人で明らかにできる問題は非常に限られていますが，先人の開拓した知見を利用することによって，高い知見を得ることができるのだという理解は，研究者共同体のメンバーとなるためには不可欠です。同時に，自分の研究がそれまでの諸研究とどういう位置関係にあるかを明確にし，自分の研究がどのような貢献をしうるのかを論じる必要があります。いわゆる，自分の研究が，関連する諸研究全体の中でどういう場所を占めるのかという，「位置づけ」の作業が非常に重要です。

ただし，どういう文献が自分の研究に関連するのかは，実際は，研究の進行中にわかってくるものです。論文は決して，研究を進めた順序に書かれているわけではないので，関連文献は，データ収集を始める前のみならず，データ収集や分析の最中や終了後にも調べていきます。

文献を本文中で参照したり引用したりするときは，APA スタイル（アメリカ心理学会の提唱する論文執筆要項。APA, 2004 参照）など適切な作法に従ってください。

（1）文献の探索

まず，自分の研究課題に関連する問題に取り組んだ他の人々の研究にどのような文献があるかを調べ上げていきます。文献を見つけるには，以下のようなことが役立ちます。

- 自分の指導教員に教えてもらいましょう。
- 研究者向けのハンドブックは，さまざまな研究領域について，その出版時点での最新の研究状況を概観しており，重要な研究文献を網羅しています。自分の研究課題が属する研究領域にどんな文献があるか探すのに便利です。ただ，それらハンドブックは多くの専門用語で書かれているので，研究の初学者には読みにくく，やはり指導教員に頼ることになります。
- すでに読んだ論文の中で言及してある文献を入手して読んでみましょう。次にその文献の中で言及してある文献をさらに入手して読んでみる，……というふうにして，芋づる式に関連文献を探し出していきます。論文の中で言及してある文献については，論文末尾の「参考文献」（References）や註などに検索のための情報が明記されています。

  このとき，最初のころに読む文献はできるだけ最近出版されたものを選びます。最近書かれた論文であれば，関連する文献を検索するための情報も豊富である可能性が高いです。同時に，最近の研究動向についても知ることができます。
- 研究課題や研究テーマ中のキーワード，およびそれらについて研究している研究者名を使って，図書館やインターネットで検索をかけてみましょう。国内では，国立情報学研究所　「学術コンテンツ・ポータル」

  http://ge.nii.ac.jp/genii/jsp/index.jsp

  が豊富な検索サービスを提供しています。海外文献の検索では，

  Google Scholar　http://scholar.google.co.jp/

  が役立ちます。データベースの検索の仕方や文献の入手方法がよくわからないときは，図書館などで聞いてください。
- 自分の研究課題に近い問題を研究している他の研究者や大学院生に教えてもらいましょう。学会などで関連する問題についての研究発表を聞く機会

があったら，発表後に発表者のところに行って，研究情報をもらってくるとよいでしょう。

次に，こうして入手した文献を読んでいくことになります。しかし，実際は，文献の数が多くて論文提出の締切までに全部はとても読みきれないのが普通です。したがって，入手可能な文献の中から，以下のような研究の文献を選択して読んでいくことになります。

- 自分の研究課題に非常に近い問題を扱っている研究。
- 自分の研究領域において研究者たちから重視されている研究。
- 自分の研究方法をデザインするのに直接役立ちそうな研究。

それ以外の文献については，要約（アブストラクト）などで概要を把握するだけとか，特定の章だけを選択的に読むにとどめておきます。

(2) 文献の分析的批評

こうして研究文献を読み進めながら，それらをどうまとめたらよいか，考えていきます。シルバーマン（Silverman, 2000, p. 227）が指摘していますが，論文において先行研究のまとめの章を書くのは，以下のようなことを示すためです。

【専門的な知識】　当該の研究領域について，自分がすでにどれだけの事柄を知っているか。

【分析的批評】　これまで知られている事柄について，自分はどう評価しているか。

【同一研究の確認】　自分の研究とまったく同じ研究がすでに他の人によって行われているか。

【関連研究の確認】　自分の研究と関連した研究が他の人によって行われているか。

【位置づけ】　すでに行われている諸研究の中で，自分の研究はどう位置づくのか。

【価値】 すでに行われている諸研究に照らして，自分の研究はどんな価値があるのか。

単に【専門的知識】を披露するだけなら，先行研究の文献の紹介を次から次へと羅列するだけでできます。しかし，それでは，「佐藤（1995）は，……した。田中（2001）は，……した。Smith（2003）は，……した。……」というような単調な記述になり，読むに耐えないものになってしまいます。自分の研究課題に焦点を絞って論じることが大切です。それゆえ，【同一研究の確認】や【関連研究の確認】をしながら，自分の研究を説明するのに重要となる文献を中心に記述し，そうでないのは軽く触れる程度にとどめます。そのうえで，自分の研究の【位置づけ】や【価値】を明確にしていくのです。

すでに他の人々によって行われている研究のうち自分の研究に関連する文献については，【分析的批評】が必ず必要となります。研究の初心者には，批評（critique）を行うことはなかなか難しいものです。専門家の研究が「仰ぎ見る」ような高い位置にあるからといって，ただただ「すばらしい」と礼讃するだけでは研究になりません。そうかといって，自分の研究を引き立たせるために，むりやり他の研究をこきおろすのも不適当です。どちらも，文献の分析ができていないからです。

まず，他の人々の行った研究について，目的，概念枠組み（後述），研究課題，方法，考察等を冷静に分析することが必要です。研究の初心者は，文献の分析がなかなかできません。文献を紹介するセミナーで，「ここに書かれている研究の目的は，具体的には何ですか？ それは文献のどこに書いてありますか？」「この研究の方法を説明してください。その方法をとる利点と不利な点はどういうところだと思いますか？ それはなぜですか？ 研究結果や考察にどう反映されていますか？」と聞いても，初心者はなかなか答えられないでしょう。セミナーで指導教員や上級生から継続的に文献の読み方の訓練を受けることが必要です。

そのうえで，文献の分析的批評を展開する中で，まだ研究が必要とされる問題をどこかで指摘して，自分の研究の【位置づけ】や【価値】を明確にします。

他の人々の研究の不十分さを指摘する仕方には，たとえば，以下のようなレトリックのパターンがあります。これらの不十分さを補うためには，質的研究の特徴である少数の事例の研究でも価値ある貢献ができることに自信をもってください。

【枠組みについて】

㊞ これまでの研究の理論的な前提に限界がある，あるいは不適切な部分がある。

【課題について】

㊞ 過去の研究では議論が分かれており，さらに詳細な研究が必要である。この課題はこれまでほとんど研究されていない。最近，この問題が脚光を浴びつつある。

【方法について】

㊞ データ収集の方法が課題に対して適切でない，または限界がある。

【データについて】

㊞ これまでの研究ではデータの種類や状況が限定されているので，他の種類や状況のデータでも調べることが必要である。サンプル数が少ないので，さらに多くのサンプルで調べることが必要である。

【分析について】

㊞ この現象は報告されているが，なぜそれが起こるのかの説明はこれまでなされていない。これまでの研究において提供されてきた分析では説明がつかない事例が示唆されている。近年提案されている新しいアプローチを利用した分析はみられない。

(3) 概念枠組みの明確化

関連する文献の分析ができたら，それに基づいて，自分の関心のある研究課題について，どういう点がこれまで明らかになっているか，そして，どういう点がまだ不十分なのかをまとめていくのです。この時点になると，自分の研究課題を分析的に論じることができるようになります。すなわち，自分の研究課題がどういう事柄から成り立っているかが明確になってきます。

- どういう理論的な前提に基づいているか。
- どういう概念および概念間の関係が関わっているか。
- どういう問題（issues）と関わっているか。
- どういう期待が立てられるか。

たとえば，先に例にあげた「小集団における数学的問題解決過程の研究：メタ認知活動の変容」という研究であるなら，以下のように分析できるでしょう。

- シンボリック相互作用論やヴィゴツキーの文化的認知発達理論を前提として，小集団学習をとらえる。
- 「メタ認知活動」「社会的相互作用」「専有化」（appropriation）等を中心的概念にする。
- メタ認知活動の発達や変容の問題に焦点を当てる。
- 小集団活動における社会的相互作用がメタ認知活動の発達をうながすと期待される。

このような研究課題の分析的なとらえ方を，研究の「概念枠組み」（conceptual framework）といったりします。「立場」「視点」「視座」「切り口」ともいわれます。風景や事物の見え方は，どの場所に立っているか，どこに視点をすえるかによって違ってきます。スケッチをするときには，視点や立ち位置を決定しなければなりません。四角い画用紙にスケッチするなら，画用紙の「枠」にあたるところを，風景や事物のどこに設定するか，空間のどこを四角い絵として「切り取って」くるか，決定しなければなりません。研究課題を分析的にとらえ直すことによって，研究課題の見え方・とらえ方が決定されることになるわけです。

研究の概念枠組みについての実際の記述の仕方については，最初に概念枠組みを提示してからそれをガイドにしながら文献の分析的批評を述べてもよいし，文献の分析的批評を展開しながら，概念枠組みを随時説明してもよいでしょう。しかし，下記の「研究課題の具体化」は，通常，先行研究の検討の章の最後に述べます。

(4) 研究課題の具体化

研究課題については序文で触れていますが，そこは導入だったのでいきなり分析的な書き方はせずに，やや一般的で漠然とした表現にとどめています。先行研究の検討の章では，関連する文献の分析を述べ，研究の概念枠組みを明確に示した後に，分析的な定式化，いわゆる「研究設問」の設定をします。たとえば，「数学学習における小集団の問題解決過程において，生徒たちのメタ認知活動がどのように変容するか」というやや一般的な研究課題から出発して，それをさらに分析的に定式化するとすれば，

- 小集団におけるどのような社会的相互作用が，生徒たちのメタ認知活動を促進するのか。
- 小集団におけるどのような社会的相互作用が，生徒たちのメタ認知活動を停滞させるのか。
- 教師によるどのような介入が，生徒たちのメタ認知活動を促進するのか。
- 教師によるどのような介入が，生徒たちのメタ認知活動を停滞させるのか。
- メタ認知活動の促進は，数学的問題解決に関してどのような見方を生徒たちにもたらすか。

等々，概念枠組みを自分の関心としている具体的な現実に照らしてみれば，さまざまな具体的な研究設問がみえてきます。その中で，文献の分析的批評に基づいて，これまでに行われている諸研究においてまだ不十分である，と判断した課題に焦点を絞り，定式化を述べます。

6. 研究方法（方法論，研究過程）

ここでは，どのような研究方法をとったのか，そしてそれが研究課題に照らして適切であるということを論じます。通常，以下の項目が扱われます。

①研究対象の選択

研究対象となる学校，学級，教師，ないし児童・生徒等，および研究の時期や期間を記述します。どのような基準を考慮して選択したかを説明します。

②データ収集の手続き

3章であげたような手続きのどれをどのように利用したかを記述します。どうしてその手続きが適していると判断したのかを説明します。

③データ分析の手続き

6章であげたような手続きのどれをどのように利用したかを記述します。どうしてその手続きが適していると判断したのかを説明します。

④研究者とフィールドとの関係

研究者がフィールドに対してもっている先入観や，研究者がフィールドの人々と築く人間関係は，データの質や解釈の仕方に影響を及ぼします。それゆえ，質的研究では，研究者とフィールドとの関係について研究者なりの分析を加えること，および，その分析を論文の読者に知らせ，データの質や解釈の仕方について注意をうながしておくことが大切となります。

研究者がフィールドに対してもっている先入観というのは，たとえば，学校現場をフィールドとしたとき，学校について聞いている評判，生徒であったころの自分の学校に対する印象とか，研究者が長い教職経験をもっていれば，教員としての現場の見方などをさします。これらは，学校現場をフィールドとしたとき，フィールドで起きたことの解釈の仕方に影響を及ぼすことが十分考えられます。

研究者がフィールドの人々と築く人間関係というのは，フィールドの中で研究者はどういう社会的役割を与えられているか，あるいはフィールドの人々からどう受け取られているかをさします。たとえば，ある学校のクラスをフィールドとしたとき，研究者は，教室の後ろで静かに観察することが中心の参観者に徹する場合が多いです。しかし，研究によっては，研究者自身がそのクラスの教師である場合もあれば，研究者がそのクラスの教師の補助者である場合もあります。また，研究者が生徒の間にとけ込んで「生徒」となる場合もあります。あるいは，以上のうちのいくつかの場合を組み合わせた場合もあります。どういう役割を与えられているかによって，たとえば，生徒の行動や発言の仕方が違う場合があるものです。「教師向け」「部外者向け」「他の生徒向け」の行動や発言がそれぞれ微妙に異なることがあるからです。

以上の項目を，一つひとつ別々に論じてもかまいませんが，研究をどのように進めていったのか，その経緯を説明するという論じ方もあります。研究対象をどう探し出したのか，どうコンタクトをとったのか，どうやって研究参加の承諾をとりつけたのか，データ収集を始めてどういう問題に出くわしたか，収集方法をなぜ変更したのか，分析作業でどういう問題が発生したか，分析方針をどう変えたか等々，研究方法の選択に関わる研究者の判断の歴史を説明していくものです。その中で上記の項目に随時触れていくのです。研究方法の選択の背景が読者によくわかり，同時に，研究者の判断の的確さをアピールすることができます。この場合は，「研究方法」と呼ばずに，「研究過程」（Research Processes）という名称を使う論文もあります。

7. 研究対象についての記述

研究対象となる学校，学級，教師，ないし児童・生徒等について説明し，本論でのデータの解釈や考察のときの予備的情報を提供します。個人情報の保護のために，学校や教師，児童・生徒の固有名詞は，論文全体を通して，記号や仮名で代用して伏せるようにします。

本論部分（データ分析と考察）

本論では，論文の最も重要な部分をなす，データの分析およびそれについての考察を論じていきます。データは特定の学校やクラスや子どもたちから得られた特殊なものですが，分析と考察では自分の研究の概念枠組みに照らして検討し，研究課題・研究設問で問われたことに応える一般的な結論を提示していきます。提示の仕方には，さまざまなスタイルがありますが，自分の解釈を提示するとき，必ずその裏づけや例示となるデータを同時に提示することが重要です。データは通常，フィールドノーツからの引用という形で示されます。したがって，本論は通常，説明や分析とフィールドノーツからの引用が交互に現れるようなスタイルで展開します。

アラスタリ（Alasuutari, 1995）やシルバーマン（Silverman, 2000）が論じているように，本論の構成を考えるには，その全体構造（macrostructure）と微視的構造（microstructure）を検討する必要があります。前者は，データの分析とその考察全体の組み立てをどうするかという問題に関するもので，いくつの章に分けたらよいか，どういう章を設けるか，章と章との間にどういう関連をつけるか等に関わります（雑誌論文のような短い論文の場合は，「章」の代わりに「節」を考えてください）。後者は，全体構造の中の各部分をどのように組織するかに関するもので，たとえば，各章の内容をどう書いていったらよいかに関わります。

1．全体構造

まず，集めてきた多量のデータとその分析から得られたさまざまな洞察の集積を，他人によく理解できるような形に整理することになります。それには，本論で主張したい事柄のリストを大雑把に作成してみるとよいでしょう。それは，本論の章（以下，短い論文の場合は，節）構成を考える作業となります。そして，研究課題と関連がないむだな章はないか，章と章との間に関連がつくかどうか，研究課題や研究の概念枠組みからみて当然あるべきだと思える章が欠けていないか，等々を検討していきます。

本論で主張したい事柄が明確になったら，それらをどういう流れで提示していくか，いわゆる「ストーリー」を検討します。量的研究の伝統的流儀では，「仮説検証」型のストーリーがほとんどで，最初に検証すべき仮説を提示し，その後にその仮説をデータの統計的分析によって検証し，考察を述べる，という展開でした。質的研究でも「仮説検証」型のストーリー展開は可能ですが，そもそも仮説の検証が主目的でなかったり，仮説がデータ分析の最中に現れたりするので，あまり適していないと考えられています。

(1) 分析型ストーリー（Analytic story）

質的研究で使われる全体構造としては，分析型ストーリー（Silverman, 2000, pp. 242-243）が標準的に使われます。この場合，ストーリーの構成は，研究の概念枠組みと研究課題・研究設問と研究デザインから論理的に決まってきます。たとえば，数学的論証の概念がどのように「変容」するかを研究した場合，論証概念の変容をある一定期間継続的に調べる研究デザインをとるでしょう。研究結果として，論証概念の変容が3つの段階を経るとわかったとします。その場合，その３段階モデルを最初に提示し，次に第１段階をデータを引用しながら詳細に論じます。そして，第2，第３段階を同様に論じていきます。あるいは，数学的論証について生徒たちがどのような考えをもっているかをインタビュー調査した場合，研究結果として，たとえば，生徒たちの考えが３つのタイプに分類できたとしましょう。その場合，その３つのタイプについて一つずつデータを引用しながら論じていきます。読者は，引用されるデータが提示されたモデルやタイプに本当に合っているかどうか，緊張感をもちながら読み進むことになります。

また，たとえば，新米教師とベテラン教師とで板書の技術にどのような質的な違いがあるかを調べようとすれば，新米教師とベテラン教師をそれぞれ選んで，彼らの板書の仕方について教育現場でデータ収集をして比較する研究デザインをとるでしょう。そうすると，研究結果の提示は自然に，新米教師の板書についてのデータとその分析，ベテラン教師の板書についてのデータとその分析，最後に両者の比較考察，という流れに決まってきます。この際，それぞれの板書の仕方について，分析のキーとなる諸概念を提示して，それらに対応したデータを提示することになります。

分析型ストーリーは，①研究の概念枠組み→②研究課題・研究設問→③研究デザイン→④研究結果という一連の流れが明快で，読む側の負担が少ないものです。もし，その論理的な流れがわかりにくくなっている場合は，４つの流れのどこかに問題を抱えている証拠なので，論文をもう一度推敲して書き直すべきでしょう。この論理的流れをうまくつくるには，最初に述べる「研究の概念枠組み」の設定が肝心です。概念枠組みというのは，研究のはじめに決めておしまい，というものではなくて，実際は，研究が終わった後に研究の成果をうまく表現できるように，論文執筆中に何度も練り直したりするものです。

(2) 謎解き型ストーリー（Mystery story）

アラスタリ（Alasuutari, 1995, p. 183）は，推理小説のようなストーリー展開を利用することを提案しています。分析型ストーリーでは，概念枠組みと研究課題・研究設問の提示の時点で，論文の展開が予想できてしまうので，読者自身が分析過程を追体験するような機会がなく，おもしろみに欠ける部分があります。彼の提案するのは，読者自身がデータを分析してその意味を探る「謎解き」過程を追体験できるようにするものです。まず，データを一部提示しては，その分析をして探究的な問いかけをして，読者にいくつかの解釈を考えさせ，さらに別の手がかりとして新たなデータを提示しては探究的問いかけをする，というやり方で，しだいに，最終的な分析と一般的な考察へと読者を導いていきます。しばしば，読者の最初の予想を裏切るようなデータを提示しては，「謎」を深める場面を設けたりします。謎解き型ストーリーは，大変魅力的なものですが，推理小説を書くような技術を求められるので，万人にすすめられるものではありません。「読者自身が分析過程を追体験する」といっても，決して実際の研究過程を時系列に記述しただけの安易なものではなく，謎を深める場面や伏線の設定を緻密に計画してつくられた文章です。

教育の論文ではありませんが，1979 年日本シリーズの最終戦の 9 回裏の攻防を緻密な観察と関係者へのインタビューをもとに描いた『江夏の 21 球』（山際，1985 所収）は，江夏投手の一球一球の背景にある当事者たちの戦略や心理を臨場感溢れる文章で一つひとつ解き明かしていく優れた事例研究とみることができますので，ご紹介しましょう。

> 平野に対する 1 球目は，いちおうスクイズを警戒してはずした。スクイズはないとみて 2 球目で打ち気を利用してボールになっていくカーブを振らせてカウントをかせぐ。それが江夏のこの状況での攻め方だった。
>
> いちおう，というのは，江夏の目から見た場合……《平野は打ちたがりだからね。まず。バントしてこないだろうと思ってた。しかし，あの場面だから何があるかわからん。それで 1 球目は外したわけや》
>
> ところが，平野は，バッター・ボックスからマウンド上の江夏を見て，まったく違うことを考えている。
>
> 《1 球目は完全にボール，2 球目はカーブだかフォークだか……思わず振ってしまったけど，あれはボール球だったな。それにしても，1 球，2 球を見てて江夏はそうとう動揺してると思ったね。初球のボールね。あんな高いボールになるなんて，江夏本来のピッチングとは思えないからね》
>
> バッター・ボックスに立った平野は江夏の出来をそう見ている。たいし

たことはない，と。(p. 48)

2．微視的構造

論文全体が「序論－本論－結論」という3部構成になっていると述べましたが，論文の各章（または節）も，やはり同じ構成をもっています。章のはじめには，「第1節」のタイトルが来る前に，その章で何を論じるのかをあらかじめ説明しておきます。その後で，その章で扱う内容を，いくつかの節に分けて一つひとつ議論していきます。それが終わったあとに，その章のまとめの節を書きます。そこでは，その章で明らかにされたことを概観し，新たに生じた問いを論じ，次の章へのつなぎを述べます。

分析を述べるときは，同時にデータを引用します。引用の前には必ず，どういうデータを何のためにこれから引用するのかの背景説明をしてください。そして，長いデータを引用しなければならないときには，そのデータのどこの部分が分析の焦点なのか，アンダーラインを使ったり，行番号をふって参照したりして，読者に明確に伝わるようにしてください。質的研究に限らず，論文にはその他，多くの細かい作法がありますが，それは他書に譲ります。

結論部分

1．研究結果のまとめ

序論で論じた関連する研究，概念枠組み，研究課題・研究設問に立ち返り，本論で述べた研究の成果としてどういうことが明らかになったかを簡潔にまとめます。短い論文の場合は，本論を読めばすむことなので，このまとめを省略する場合もあります。

2．今後の展望および課題

この研究で得られた成果から新しい研究や理論の展望を描くような議論を展開しておくのもよいでしょう。他の研究者の行った研究の成果と関連づけをして，新しい統合的な解釈や理論を提案したりすることもできるでしょう。

最後に，研究課題に関連することで，さらなる研究が必要な問題を論じます。

どんな研究も明らかにできる事柄は限られています。まず，自分の研究の限界を明確に論じておくことは大切です。自分の研究の限界を十分に自覚しているということは思慮深い研究の証となるので，積極的に指摘しておきます。同時に，自分の研究で不十分な点については，自分および他の研究者のための新しい課題として提案します。

3. 教育的示唆

教育研究は常に教育実践を頭に置いて進められるべきものです。今回の研究を通して得られた知見をもとに，教育実践への提言を行います。

4. その他

論文末には，参考文献一覧を載せ，必要があれば資料を添付します。

① 参考文献一覧

論文の中で言及したり引用した文献をすべて著者の姓の五十音順（日本語文献）またはアルファベット順（外国語文献）に列挙します。言及も引用もしていない文献は載せません。書き方は，『APA 論文作成マニュアル 』（APA, 2004）の APA（アメリカ心理学会）スタイルなどを参考にしてください。

② 資料

本文の理解に役立つけれども，本文に組み入れると読みにくくなるようなものは資料として添付します。たとえば，質問紙の用紙，生徒の答案の写しの一部，インタビューのトランスクリプトの抜粋などです。

第 II 部

各論編

8　概念枠組みと研究課題の設定

概念枠組みの設定

現象を分析し理解するという営みは，当該の現象をよりとらえやすい諸要素に分解し，それらの要素の間にどのような関連があるかを吟味することです。したがって，自分が関心をもっている現象を分析しようとするとき，その現象にどのような要因，変数，過程等が関わっているのか，そして，それらによって当の現象がどのように構成されるのか，を問いかけることになります。このような研究者の問いかけは，いわば，当該の現象のとらえ方を方向づける前提をなし，探究活動を進めていくための枠組みを設定する営みです。この枠組みを「概念枠組み」（conceptual framework）といいます。研究目的に応じて，研究者は適切な概念枠組みを設定し，その設定理由を説明することが大切です。なぜかというと，概念枠組みは研究を現象の特定の側面に限定するもので，その他の側面は扱わなくても，研究課題の追究が重大に損なわれることはないということを論じておく必要があるからです。同時に，概念枠組みは，現象を追究していくための道具立てでもあります。どうしてそういう道具立てが現象の理解に役立つのか，ということを検討して論じておく必要があるからです。もちろん，質的研究は研究過程に柔軟性をもたせることを第一とするので，研究が進むにつれて必要に応じて概念枠組みを修正していくことが肝要です。

質的研究を進めるときの概念枠組みを構成するものには，一般性や抽象度によりさまざまのレベルのものがあります。研究の枠組みとなるため，研究の課題，仮説，理由，方法等，研究全般に関与する重要なものです。

(1) 経験的一般化

比較的抽象の度合いが低い命題からなり，現象の中にみられるパターンや，現象の分類を記述したものです。それらは，通常，研究を始めるときに，先行研究を検討する中で得られ，研究の焦点や研究課題や研究仮説を具体的に設定するための導きとなるものです。

経験的一般化のレベルに属する命題の例としては，以下のようなものがあげられるでしょう。

- 「分数の意味には，分割操作分数，割合分数，量分数，商分数の4種類がある。」
- 「数学的概念に対する生徒たちのとらえ方には，道具的理解と関係的理解がある。」
- 「中学生が数学的命題の妥当性を示すストラテジーには，素朴経験論，決定的実験，生成的事例，思考実験の4つのタイプがみられる。」
- 「論証指導の初期において，証明すべきことを証明の途中で使ってしまう生徒がよくみられる。」
- 「日本の授業の進め方は，『導入』→『展開』→『まとめ』のパターンに従っている。」

(2) 中範囲の命題（middle-range propositions）

「経験的一般化」よりも普遍性を志向した命題からなるもので，その扱う範囲は特定の種類の事例に限定されません。研究課題やデータ分析の大枠を定めるときに重要になります。たとえば，概念形成，問題解決，教授・学習過程，教室内コミュニケーション，カリキュラム開発等，それぞれの領域全体に関する命題がこれに相当するでしょう。

- 「数学的概念の理解の状態は，『概念イメージ』と『概念定義』の二面からとらえることができる。」
- 「数学の教授・学習は，新しい文化への適応（enculturation）の過程である。」
- 「教師の信念体系は，教師の教授行動のパターンを決定づける。」
- 「教室内の数学学習は，ある種の社会的規範によって規制されている。」

(3) 理論的枠組み

どういう立場で質的研究を進めるかを決定づける理論をさすもので，研究全体の性格や方法論を形づくるものです。教育研究関係なら，たとえば，構成主義，社会的構成主義，シンボリック相互作用論，エスノメソドロジー，社会・文化的発達理論，現象学などの理論がこれに当たります。

実際の研究では，いくつかのレベルの互いに関連し合った命題をもとにして概念枠組みがつくられます。たとえば，フェリニ・ムンディとシュラム（Ferrini-Mundy & Schram, 1997）は，NCTM（National Council of Teachers of Mathematics）スタンダード（以下，『スタンダード』）に基づく変革が学校現場でどのように進められているかについてのケース・スタディを行っています。彼らは，『スタンダード』の基礎にあった構成主義に合わせて，「『スタンダード』に従った数学教育の変革とは，地域，学校，教室，教師等における『スタンダード』についての理解形成（sense-making）のプロセスである」という考え方をとり，変革に携わる当事者たちの側のとらえ方を重視しました。そして，5つの観点をデータ収集の際の枠組みとして具体的に設定しました（p. 20）。

①数学について当事者たちがもつ見方
②数学教育について当事者たちのもつ見方
③数学的実践の変革に対する教師たちの努力に（支持的ないし抑制的）影響を及ぼしている諸状況
④学校における数学的，教育的実践が生徒たちに及ぼしている影響の様子
⑤学校における数学科プログラムの進展の様子。

これら5つの要素が重要な柱になるという立場は，『スタンダード』自身の概念枠組みと他の数学教育の研究からの経験的一般化や中範囲の命題に支えられているものです。

要素間の関係をよりわかりやすく表現するために，図示することも大切です。ウッドら（Wood, Cobb, Yackel & Dillon, 1993）は，構成主義やエスノメソドロジーの理論的枠組みと教室内ディスコースに関する中範囲の命題を組み合わ

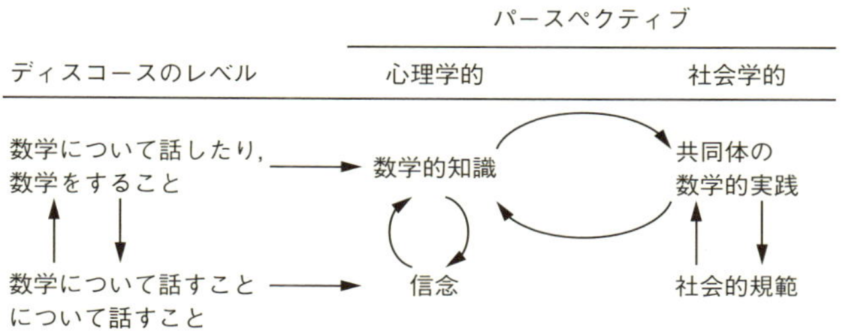

図 8-1　概念枠組みの例（Wood et al., 1993, p. 32）

せた詳細な概念枠組みを展開しています。彼らは，自分たちの研究の理論的方向づけを説明する中で，図（図 8-1）を利用しています。

(4) 概念枠組み設定の際の注意点

マイルズとヒューバーマン（Miles & Huberman, 1994, pp. 18-22）は概念枠組みの設定の仕方について実際的な指針を論じています。それらの重要なものを以下にまとめておきます。

● 概念枠組み設定の指針

①概念枠組みは，研究を進める中で何度も修正し，より適切で，わかりやすく，簡潔なものにすること。大事な要素や関係が欠落していたり，要素間の関係がわかりにくかったり，むだなものが入っていたりしないようにする。この際に，図示したり，他の仲間と議論したりすると，そのような問題点をチェックしやすい。

②概念枠組みは，だんだんと焦点化したものにすること。現実の現象は，常に多くの要素や関係によって構成されている。授業中の話し合いを考えただけでも，学年，学期，単元，教材，生徒数，生徒たちの個々のさまざまな能力や個性，教師の経験や考え方，それまでの授業の流れ，生徒間の人間関係，生徒と教師の人間関係，それぞれの生徒の家庭環境，教師の体調や気分等々，考えればきりがない。このような思いつく限りの要素や関係をあげたままの「八方美人」にしていたのでは，研究の焦

点はいつまでも絞れない。自分が関心をもっている現象を理解するのにどういうことが最も重要なのかを判断し，関与が弱いものは大胆に削り，先鋭化した枠組みをつくっていくことが必要。
③予備研究をしておくことは，主研究のための概念枠組み設定に役立つ。

研究課題・研究設問の設定

研究を進めていくときに，概念枠組みと研究課題・研究設問は互いに密接に関連し合って形づくられます。上述のように，研究の概念枠組みは，関心を抱いている現象への問いかけを追究するための方向づけや理解のための道具立てを提供するものです。自覚しているか否かにかかわらず，物事を理解する営みにおいて必然的に利用するものです。たとえば，上述のフェリニ・ムンディとシュラムの研究の概念枠組みは，「NCTM スタンダードに基づく変革が学校現場でどのように進められているか」という（概括的な）研究課題に関わってつくられたものでした。他方，研究のための概念枠組みを検討していく中で，今度は，概括的な研究課題からより具体的（specific）なものになってきます。すなわち，「研究設問」が生み出されます。たとえば，上述のフェリニ・ムンディとシュラムの研究枠組みからは，次のようなさまざまな具体的な問いが触発されるでしょう。

①教師たちは数学についてどのような見方をしているのか？ その見方は実践及びその変革のあり方に影響を及ぼしているのか？
②教師たちは構成主義をどう受け止めているのか？ 彼らの教育観が変革にどのように影響しているのか？
③教師たちは変革においてどういう役割を演じているのか？ 従来からの教科書，テスト，評定などの存在は，変革においてどのような影響を及ぼしているか？
④テクノロジーの利用は生徒たちの学習にどのように働いているか？ スタンダードは一部の生徒たちに不利に働いていないか？

⑤教師たちは，変革の過程でどのように変容していくか？（たとえば，Ferrini-Mundy & Schram, 1997, p. 25）

研究課題・研究設問を設定する際の注意点

マイルズとヒューバーマン（Miles & Huberman, 1994, pp. 22-25）は研究課題（研究設問）の設定の仕方について実際的な指針を論じています。それらの重要なものを以下にまとめておきます。

● 研究課題設定の指針

①研究課題は，漠然とした，一般的な形のもので始めてかまわない。それを，概念枠組みを明確にしながら，しだいに具体的で焦点化されたものへと定式化していくとよい。はじめから，数多くの具体的な課題を扱ってしまうと，焦点の定まらない散漫な研究になったり，個々の具体的な問題の背後にある大きな問題を見失ったりする危険がある。

②概念枠組みの設定と研究課題の設定とは，どちらを先に進めてもよい。自分のやりやすい順序でかまわない。

③研究課題は，実際に研究可能なものへと定式化していく。いくら興味深い問題でも，データ収集が実行不可能なものではあきらめざるをえなくなる。技術的理由，研究者の能力的，時間的，労力的，経済的理由，当事者の時間的，心理的負担やプライバシー保護等々により，満足なデータ収集がのぞめない場合は数多くあるだろう。

④データ収集や分析の際には，つねに研究課題を見直すように心がけよう。これは，まず，フィールドで経験するさまざまな出来事の新奇さだけにとらわれて，データ収集の焦点が研究課題からそれていってしまったりするのを防ぐ。また，データ収集が進むにつれて，研究課題の設定の仕方が不適切であると判明した場合に，早急に修正して，研究の進め方を立て直す必要があるだろう。

第Ⅱ部…各論編

9　事例の選出（サンプリング）の方法

量的研究法の統計的社会調査（survey）では，研究対象として事例を選出することはサンプリングと呼ばれており，サンプリングの方法の基本は，ランダムサンプリング（無作為抽出）です。研究者が関心をもっている対象集団は母集団と呼ばれ，ランダムサンプリングは，抽出した事例からの結論を母集団全体について一般化（統計的一般化）することを目的として行われます。

これに対して，質的研究では，単に統計的一般化することだけを目的にして，事例を選出しません。物事を探究する営みというものは，さまざまな状況においていろいろな意図・目的，および理論的背景をもって取り組まれるものです。自然科学の研究でも，たとえば，有名なガリレオの落体の法則に関する実験は，当時支配的であったアリストテレスの「重いものほど速く落下する」という学説への挑戦でした。その実験では，大きさが同じで重さが異なるという条件を満たす複数の球体を選んで斜面を転がして落下速度を比較したといわれていますが，落とす物体をランダムサンプリングしたわけではありません。関心をもっている現象に関して知られている見解や理論を背景にして，自分の研究課題や目的に照らしながら，「どのような条件を満たす情報が欲しいか」によって，事例の選出の仕方を工夫することが重要なのです。それゆえ，ルコンプテとプレイスル（LeCompte & Preissle, 1993, p. 69）は，質的研究での事例選出法は，規準依拠型（criterion-based）であると論じています。以下では，ルコンプテとプレイスル（1993）やパットン（Patton, 1990）に従って，規準依拠型のいろいろな事例選出法を紹介します。特に，事例選出の「論理」に注意をはらってください。

質的研究では，研究の進展に合わせて事例の選び方を工夫しなければなりません。研究の初期にフィールドを選ぶ際に事例を選出する場合と，ある程度データが集められて分析がされている中で新たな事例を選出する場合とでは方法が異なります。以下では，それらを分けて紹介します。

研究の初期に行われる事例選出の方法

1．割り当て（quota）法または，変異最大化（maximum variation）法

たとえば，算数の特定の学習内容について児童の考え方を研究するとしましょう。児童の間にはさまざまな違いがあります。少ないサンプル数の児童を調べただけで，児童の学習についての共通する何かを結論できるでしょうか。この問題に応える一つのやり方は，互いに異なるタイプの児童をいろいろ選び出してみることです。その論理は，類似したタイプの児童だけ数人選んで調べたのでは，ある特定の方向に偏ったパターンばかりを見いだす危険性がありますが，互いに異なるタイプの児童を選んでいれば，ある程度まで結論の偏りを避けることができると考えられるからです。

具体的にどうするかというと，たとえば，まず，児童間の相違について，先行研究などをもとに研究上重要と考えられている特徴にどんなものがあるかをあげてみることです。たとえば，算数の成績があるでしょう。つまり（学校での成績基準により）成績下位，中位，上位に分けて，それぞれのタイプに当てはまる児童を何人か選出していきます。ジェンダーが問題になる場合は，性別の相違も考慮して，以下のように６種類のタイプを考え，それぞれのタイプに合う児童を選んでいくわけです。最少の場合，事例は６名ですみます。

性別	成績下位	成績中位	成績上位
男子			
女子			

そして，選出した児童について詳細なケース・スタディを行い，同時に，複数のタイプにまたがって共通している事柄を分析していきます。このように選

出して研究すると，さまざまなタイプの児童を調べているので，幅広く通用するパターンや理論を見いだすことが可能になります。

2. 極端な事例の選出

これは，ある特徴―研究者が関心をもっているなんらかの特徴―に関して非常に際立っている事例を選ぶ方法です。大人数のサンプリングをして，一般性のある結論を求める量的研究法では，極端な事例は例外的なものとして，あまり重視されないでしょう。しかし，質的研究は，例外的な事例を調べることによって，代表的・標準的な事例だけを見ていたのでは気づかない貴重な情報が得られる場合があると考えています。たとえば，学習過程について研究をしている場合なら，非常に優れた成績の生徒や，反対に，きわめて低い成績の生徒の事例は極端な事例にあたるでしょう。大多数の生徒たちは，学校の授業になんとかついていき，とりたてて良くも悪くもない成績をとっていることでしょう。しかし，そういう「普通」の生徒ばかり見ていたのでは，どういうとき「落ちこぼれ」が起こるのかとか，どうすればもっとよい成績がとれるようになるのか，という問題に取り組むための情報は得にくいでしょう。「普通」から逸脱した極端な事例を調べることによって，「普通」と呼ばれる状態を維持するのにどのような営みが関わっているかが明らかになる場合があるのです。

3. 理想的事例の選出

これは，「極端な事例の選出」と同じ論理に基づく方法で，ある特徴―研究者が関心をもっているなんらかの特徴―に関して理想的な状態にある事例を選ぶ方法です。ただし，「極端」には強調をおきません。この方法は，特に極端すぎる場合があまりに非現実すぎて，学ぶべきことがないと考えられる場合に適しているでしょう。たとえば，学習過程を研究するときに，知能指数が異常に高い児童や異常に低い児童を調べることは，心理学研究としてはきわめて価値あることですが，通常の学校教育における学習を考えている場合は，どれだけ役立つ情報が得られるかは疑問かもしれません。むしろ，知能指数は普通レベルでありながらも高成績をあげている児童を調べたほうが，より多くの児童について役立つ情報が得られると考えられます。

たとえば，志水（2008）は，欧米の「効果のある学校」（effective schools）論に基づいて，「効果のある学校」のプロファイルを「教育的に不利な環境のもとにある子どもたちの基礎学力の水準の引き上げに成功している学校」と設定し，子どもたちの通塾状況や文化的環境に関する階層指標と学力調査結果を組み合わせて該当する学校を選出して，そのエスノグラフィを展開しています（志水，2008, pp. 124-128）。

また，教育界には，すぐれた教育実践をしておられる学校や教師の方々の存在が数多く知られています。そのような実践は，理想的事例として質的研究の重要な研究対象となると考えられます。たとえば，国立大学の附属学校には，理想的な教育環境を整えているところがあります。教員は研究熱心で，優れた授業をすることを常に追究していると考えられています。教育のための施設も比較的整っており，児童・生徒の家庭環境も比較的よくて，生活指導上の問題も少なく，勉強熱心な子どもたちが多いと考えられています。こういう場所での事例は理想的事例として役立つと思われます。

これらの学校では，新しい教育課程，指導法，教育制度のための実験的プロジェクトがよく行われます。もしもこのような理想的な教育環境においても問題が多いようなプロジェクトは，おそらく他の普通の学校でうまくいくはずがない，と結論する強力な証拠になるでしょう。その意味で，理想事例の研究は，新しい可能性を試す重要なものになりうるのです。

4. 典型的事例の選出

研究というのは，必ずしもよく知られていない現象や実態を分析するものです。したがって，当該の現象がどういうものかを，他の人々にわかりやすく描写し伝達することが必要になることがあります。その場合，いわゆる典型的と考えられる事例をとりあげて，それを詳しく記述することが一つの方法として役立ちます。認知心理学でいうところの「プロトタイプ」に関する研究が示しているように，典型的事例（プロトタイプ）をまず理解しておくことによって，他のそれほど典型的でない事例や極端な事例が，そのバリエーションとして位置づけて理解できるようになります。

第３回国際数学・理科教育調査（TIMSS）の一環として，日・米・独の３

か国において8学年の数学の授業をランダムに数多く選んでビデオ録画して行われた国際比較研究があります（スティグラー＆ ヒーバート，2002)。研究にはランダムサンプリングを用いていますが，この比較研究のレポートでは，各国の授業の記録の中から，典型的と判断したものを一つずつ選んで，それらを最初に描写し，そのあとで，さまざまなバリエーションを論じて，各国の授業の全体像を示しています。これによって，3つの国における授業から得られた膨大なデータをきわめて手際よく効果的に提示し，各国の教育関係者の間に大きな反響を呼ぶことに成功しています。

ここで，どういう事例を「典型的」と判断したらよいか，という問題を検討することが大切です。当該の現象に広くみられる平均的な特徴をいろいろなデータをもとに判断します。判断のためのデータとしては，事情通の情報提供者（インフォーマント）の話，アンケート調査，統計資料などいろいろ考えられるでしょう。それらから得られた特徴をもとに，「典型的」事例のプロファイル（profile）を作成することになります。そして，そのプロファイルに適合する現実の例を探すわけです。

5. 稀少事例の選出

ランダムサンプリングの手法は，多数の事例が存在しないと適用することができません。それゆえ，稀にしか生起しない事柄を研究するときには使いようがありません。たとえば，学習障害の研究では，障害の種類や程度が子ども一人ひとりさまざまに異なっていることが知られています。そういう状況において，特定の種類の学習障害を研究しようとした場合，研究者のアクセスできる地域で多数の子どもを見つけてランダムサンプリングすることはきわめて困難でしょう。しかし，事例数が限られているがゆえに，反対に，それらの詳細な研究は，他では得られない貴重な知見をもたらす可能性があります。たとえば，「民間人校長」による公立学校の改革として社会的注目を集めた東京都杉並区立和田中学校の事例（苅谷ら，2008）は，非常に稀なものですが，今日の社会における公立学校の役割やその可能性を探るうえで貴重な洞察を提供しています。

また，歴史的に重要な人物や出来事のような限られた事例にはランダムサンプリングの手法は適用しようがありません。たとえば，日本数学教育史において「数学教育現代化運動」は非常に重要な出来事ですが，これは一度きりの現象です。しかし，この出来事は，日本の数学教育の発展の様子を理解するうえで大変研究価値が高いものです。また，「日本数学教育学会」と呼ばれる組織の歴史的変遷や活動の様子は，日本の数学教育の形成に重要に関わっていますが，これと同等な団体は存在していません。しかし，日本の数学教育を理解するうえで不可欠であり，研究する価値があるものです。また，学会のように大きなものではありませんが，地方には，いろいろな教育を推進する私的な，あるいは公的な組織や団体があります。それぞれに特色のある活動をしており，それ自体が研究対象となりうるでしょう。

6. 比較事例（comparable case）の選出

どんな研究も，つねに関連する先行研究全体との関わりを視野に入れて進められます。以前に行われている研究が扱った事例と類似の条件を満たす他の事例でも同じ結論が成り立つかどうか，あるいは，以前の研究が扱った事例とは異なった条件を満たす事例でも同じ結論が成り立つかどうか，という問題を調べることも大事です。同一の研究者でも，同じ現象に関して複数の事例を調べて比較することがよく行われます。自然科学の研究では，これは追実験（replication）でなされています。この場合，事例選出のための条件を，先行研究の扱った事例と比較できるように決めることになります。このようにして事例を選出して行った研究は，先行研究で得られている結論の一般性や限界を再検討するのに役立ちます。たとえば，1990 年代後半から学校現場で顕著になった「学級崩壊」については，さまざまな調査や改善の取り組みが報告されています。教育関係者から高い評価を得た学級経営研究会（2000）による「学級崩壊」に関する研究は，150 にわたるさまざまな「学級がうまく機能しない状況」の事例について聞き取り調査し，比較考察することによって，この現象にはさまざまな要因が絡み合っており，単純な「特効薬」を求めることができないことを明らかにしています。

データ分析過程での事例選出法

ある程度データが集められて分析がされている中で大切になるのが，集めている事例間の類似点や相違点を考察する「比較分析」の作業です。比較分析において，新たな事例の探索はどのように進められるか，仮想の研究過程で考えてみましょう。

1．研究例：「文章題解決における表現活動の研究」

今日，学校教育では児童・生徒の「表現力」の育成が求められており，表現活動への関心が高まっています。そこで，たとえば，学校教育の中で，どのような表現活動が行われていて，それがどのような効果をもたらしているかを探究するとします。どこかの学校を訪問して，一日滞在してみると，膨大な「表現活動」の機会があることに気づくでしょう。国語科はもちろんのこと，他教科，そして，学級活動，学校行事，課外活動に至るまで表現の場は多くあります。さらに，研究の焦点を算数科に絞るとします。算数科でも表現活動が特に求められる場として，文章題解決に目を向けたとします。算数指導ではしばしば，文章題の理解とその解決には，児童が自分で図を描いてみることが役立つといわれています。数学的問題解決の古典『いかにして問題をとくか』（ポリア，1954）にも，問題を理解するためのストラテジーとして，「図を描け」があげられています。そこで，次のような作業仮説を立ててみたとします。

仮説１：「文章題解決において児童自身が図を描くことによって，文章題の理解が促進される。」

確かに，児童自身が図を描くことが，文章題理解に役立っているようにみえることも多いですが，算数の授業観察を進めていくと，この仮説１が必ずしも成り立っていない事例にも出くわすでしょう。すなわち，「児童自身が図を描いていても，文章題の理解が促進されない事例」（負事例）と思われる現象が見られるということです。たとえば，描いている図自体に誤った理解が含まれていて，そのままになっている場合です。さらに，実際の授業では，教師が黒

板に図を描いたり，教師が児童と対話しながら図を黒板につくり上げたり，図を何度も児童が書き直したり，図を描く活動にさまざまなバリエーションがあることに気づくでしょう。そこで，これらのバリエーションが，文章題の理解をどのように形づくるのか，探究していくことになるでしょう。

以上の過程について，データ収集途上での事例選出の方法を以下で考察してみましょう。

(1) 負事例の選出

研究者は，分析の途中でさまざまなパターンやルールを見いだし，暫定的な仮説を立てていきます。それら仮説をさらにより妥当性の高いものにしていくために，その仮説に合わないとみえる事例を意図的に探索します。上記の研究例でいえば，「文章題の理解が促進される」という帰結が成り立っていない事例です。このような例外的事例は，「負事例」(negative cases) と呼ばれます。この探索が重要な理由は，まず第１に，「例外が規則を証明する」ということわざが示すように，負事例を検討することによって，当初の仮説が適用できる状況やプロセスを見いだす機会が生まれるからです。第２に，負事例を検討することによって，当初の仮説の適用範囲を見きわめ，負事例も扱えるようなより包括的な仮説を生み出すのをうながすからです。自分の仮説に都合のよい事例ばかりみていたのでは，一面的な分析に終わってしまうからです。

別の事例で，負事例で私が印象深かったことをつけ加えておきましょう。あるとき，オーストラリアの数学の一連の授業を分析する機会がありました。たいへん評価の高い教師の授業で，その授業について，参加した生徒たちのインタビューも行われました。インタビューでは，どういう授業がよい授業だと思うかを聞く質問がありました。ほとんどの生徒が，「わかりやすい」ということと，「新しい内容が盛り込まれている」ということをよい授業の条件にあげていました。それゆえ，私は，生徒たちにとっては，これら２条件が満たされれば「よい授業」となる，と仮説を立てました。しかし，一人だけ，別の質問(「授業は典型的だったかどうか」) をしているところで，授業の評価について他の生徒たちと違ったことを語っていました。

▶▶▶

インタビュアー：あー，ええ，それは典型的な授業だった，昨日［の授業］は？典型的っていう意味わかる？

S：毎日の授業のようなもの？

インタビュアー：そうです。

S：あー，そうじゃなかった。実際，僕にはいつもよりよい（better）感じの授業だった。だって，僕たちが受けるほとんどの授業は，まあ，ね，どれも同じでさ，先生（she）が復習をして，そして，新しい課題を出すんだ。でも，昨日は，先生は，課題を出したんだけど，小さい問題10個とかいうんじゃなかった……大きな問題が一つだった。だから，これは違ってたと僕は思った。

インタビュアー：そうね。あなたには，いつもよりよい授業だったということがとてもはっきりしているみたいね。

S：うん。

インタビュアー：どうして？

S：えーと，僕にはいつもよりよい授業だったと思う。先生が課題を出して，それが本当にやさしい場合の授業というのは，よい授業だけど，同時に，よくないともいえる授業なんだ。だって，どれもこれもあんまり簡単で，あーあ，これってあんまりやりがい（challenge）がないなって思うからさ。でも，昨日は，……僕たち本当にわからなかったから，ちょっとやりがいがあった。それで，最後にわかったとき，本当に自分自身がいい気分になった。

この生徒の「よくないともいえる」という発言は，「わかりやすい」「新しい内容が盛り込まれている」というだけでは，不十分であることを示唆しており，私の仮説への負事例と思えました。たった一人の生徒の発言でしたが，それを無視せずに，私は，新たに，「生徒にとって理解が難しい課題がときどき出される」という第3の条件を，生徒たちにとっての「よい授業」の条件に加えてみました。私には，他の生徒が意識化できずに語ることができなかったことを，この生徒が明確に指摘していると思えたからです。

量的アプローチでは，たった一つの負事例なら「例外」として無視することができますが，質的アプローチでは，「数量的に少ない」ことを理由にして分析から除外することはできません。すべての事例を説明できるように分析を修正していかなければなりません。

(2) 変異事例の選出：バリエーションの探索

これは，負事例と同様の役割があるため，実際には負事例と区別しにくいかもしれません。負事例というのは，当の仮説を否定するような性格をもっています。一方，分析を進めていくとき，当初に考えた仮説の構成要素を見直すことも大切です。たとえば，仮説1のプロセス「児童自身が図を描く」は，漠然としていると感じられるでしょう。たとえば，「教師の介入」というプロセスを考慮すると，以下のような「児童自身が描く」プロセスのバリエーションが見えてくるでしょう。

- 児童自身が全部描く。
- 教師のサポートを一部受けて描く。
- 教師がほとんど描いて，児童が穴埋めするような形で描く。

これらは当初の仮説を否定するものというよりも，「教師の介入」を考慮していなかったために，扱えなかった事例に探究を広げることになります。

さらに，図を描く行為を，１回きりの営みとするのでなく，作文で推敲を重ねるように，「見直し」のプロセスを考慮すると，以下のようなバリエーションが考えられるでしょう。

- 最初に描いた図から変更しない。
- 自分で気がついて何度も描き直す。
- 他の人に指摘されて描き直す。

また，算数科でよく使われる図にも，マンガのような絵，テープ図，線分図，数直線図などさまざまなタイプがあることが知られています。「図を描く」というプロセスの「図」のバリエーションも考慮してみるのもよいでしょう。

このようなバリエーションを考慮した結果，仮説をさらに細分化する必要があると考えるでしょう。すなわち，それらのバリエーションが，児童の文章題理解にどのようなバリエーションをもたらすのかを探究することになるでしょう。

これら仮説の条件やプロセスのバリエーションに相当する事例を変異事例（discrepant cases）と呼びます。負事例と同様，変異事例のバリエーションを検討することは，自分の見いだした仮説の成立する範囲をより明確化したり，より適用範囲の広い仮説を考案する機会となります。

探究を組織的に検討していくために，事例を選んでいく方向として２通りあります。一つは，上であげたそれぞれの状況やプロセスに関して，お互いにできるだけ類似していると思われる事例を選んでいく方向（「最小化」）です。すなわち，「文章題の解決」「児童自身が図を描く」等のいずれか一つ，あるいは複数に関して，お互いに共通点が多い事例を選び，それらの事例について，文章題の理解の様相がどのようであるかを詳細に分析するのです。もしも文章題の理解の様相も類似であることが判明すれば，それらの事例の間の共通の条件やプロセスが重要な特徴であることがみえてきます。反対に，もしも文章題の理解の様相がかなり多様であることが判明すれば，その多様性を生み出す根本的要因はどこにあるのかを，分析していくことになります。

もう一つの方向は，逆に，それぞれの条件やプロセスに関して，お互いにできるだけ異なっていると思われる事例を選んでいく方向（「最大化」）です。たとえば，もしも大雑把な絵を描く児童と正確な線分図を描く児童の文章題の理解の様相が類似であることが判明すれば，図を描くことと文章題の理解とに直接的な関連がない場合があると推論することになります。反対に，もしも大きく異なるタイプの図を描く児童の文章題の理解の様相も多様であることが判明した場合は，図のタイプの違いを限定したり，図のタイプをまとめ直したりして，文章題理解との関連を探究することになるでしょう。

(3) 理論的サンプリング

これは，グレイザーとストラウス（1996/Glaser & Strauss, 1967）が特に，データから理論を生成するための手続きの一環として提唱している方法です。これは，上述の研究例に現れている手続きをより組織的に進めて，広範囲の事例に成立するような理論をつくり上げていくときに役立つといわれています。

理論体系というものは，いくつかの概念，および，それらの間を関係づけする諸前提から成り立っています。社会科学的研究において現象を扱う理論では，それらに相当するのが，カテゴリー（categories），および仮説です。カテゴリーは，物事を把握し分類する視点あるいは枠であり，これによって，ばらばらに見える現象にまとまりが生まれます。仮説は，いくつかのカテゴリーについて成り立つと想定される命題です。

理論体系は，さらにカテゴリーの間に階層構造を想定するものです。各カテゴリーの下には，そのカテゴリーを記述したり定義したり適用したりするときに必要な諸側面をさすとみなされる概念が設けられ，それらは，そのカテゴリーの特性（properties）と呼ばれます。さらに，カテゴリーの各特性は，その具体的にとりうる概念の種類や範囲に細分化されます。その細分化は次元化と呼ばれ，その結果は，次元（dimensions）と呼ばれます。

理論的サンプリングというのは，上述のバリエーションの探索を組織的に進める手続きです。これを効果的に利用することによって，よりデータに根ざしたカテゴリー，その諸特性，諸次元，および仮説が生み出され，それらを洗練していくことによって最終的に理論が産出できると考えられています。詳しくは，次章，およびグレイザーとストラウス（1996）やストラウスとコービン（2004）を精読してください。

第Ⅱ部…各論編

10　理論生成とグラウンデッド・セオリー・アプローチ

グラウンデッド・セオリー・アプローチとは，グレイザーとストラウス（1996）によって創始された社会科学の方法論です。それは，社会的現象においてデータの収集と分析を通じてデータに根ざした理論（Grounded Theory）の生成をめざすものです。これについては，「事例選出の方法」のページでも触れましたが，ここでは，グラウンデッド・セオリー・アプローチ全体について概説します。グラウンデッド・セオリー・アプローチに関する日本語の詳しい解説書は近年増えていますので，詳細はそれらを参照してください（たとえば，木下，1999, 2003, 2007; 戈木クレイグヒル，2005, 2007；シャーマズ，2008）。この解説を書くにあたっての，おもな拠りどころは，ストラウスとコービン（2004/Strauss & Corbin, 1998）です。

グラウンデッド・セオリー・アプローチをグレイサーやストラウスらの書物だけを読んで理解することは，初学者には必ずしも容易ではありません。その理由の一つ目は，「理論」とはどういうものか，についてイメージが初学者にわかりにくい点です。社会科学の理論をほとんど知らない初学者に，「理論創造の方法」と紹介しても，つかみどころがないかもしれません。二つ目は，コーディングやサンプリングについて多くの用語や手法が論じられ，さらにそれらが関連し合っているために，読み進んでいくうちに混乱して，全体像がつかみにくくなる点です。三つ目は，説明に使われている事例が，医療や社会問題に関することが多くて，教育関係者には必ずしもわかりやすくなっていない点です。

以下ではまず，グラウンデッド・セオリー・アプローチのめざす理論の形について，事例とたとえを用いてできるだけ教育関係者にわかりやすく説明します。次に，コーディングやサンプリングに関しては，表を用いて，全体像が一覧できるようにします。そして，学校教育の具体的事例を中心に解説します。

理論とは

シャーロック・ホームズの『黄色い顔』（*Adventure II: The Yellow Face in The Memoirs of Sherlock Holmes*）という話に，相棒のワトスンが“theory”という単語を使っている場面があります。ホームズは，ある紳士から自宅の近くのコテージに越してきた「黄色い顔」の住人にまつわる奇妙な事件について相談を受けました。その紳士が帰った後，ホームズはワトスンとその事件について話し合っています。

［ホームズ］“Upon my word, Watson, there is something very attractive about that livid face at the window, and I would not have missed the case for worlds.”
［ワトスン］“You have a theory?”
［ホームズ］“Yes, a provisional one. But I shall be surprised if it does not turn out to be correct. This woman's first husband is in that cottage.”
［ワトスン］“Why do you think so?”

ここで，ワトスンは“theory”という言葉で，事件の真相を説明できる考え方をホームズに尋ねています。ホームズは，紳士の妻の前夫（病死したことになっている）が鍵であると考え，コテージにいる住人は紳士の妻の前夫である，という作業仮説を提案し，それによって，事件で起こっているさまざまな奇妙な事実を論理的に説明する持論（“my theory”）を展開しました。

教育研究で「理論」(theory) という名称はいろいろな事柄に使われていますが，いずれも，ある現象を理解するための一定の見方を提供してくれるものです。それらは，特定の領域や過程における諸問題の理解や解決に役立つものとして生み出され，その価値が認められてきたものです。研究論文にはよく「理論的枠組み」の箇所に，構成主義理論，シンボリック相互作用論，ヴィゴツキーの社会文化的発達理論，活動主義理論，教授学的状況理論のような極めて包括的なものがあげられていますが，これは，教育現象一般や社会現象一般をとらえるための高度に抽象的な概念的枠組みや思想的立場を提供するものです。本書で扱う「理論」とは，もっと，特定の領域や過程に密着したものをさすことにします。それでも，たとえば，日本の教育現場全般に深く関わるものから，特定の教科の学習にのみ限定されるもの，さらには，非常に限定されたテーマと年齢層に関するものまでさまざまな理論があります。

理論とは，形式的には，いくつかの中心的概念とそれについての中心的命題からなります。その原型は，数学でいうなら，ユークリッドの原論にみられます。原論では，中心的概念として，「点」「直線」「平面」……があり，それらについての基本的性質―たとえば，「異なる2点を通る直線を引くことができる」―が公理系と呼ばれる中心的命題群です。そして，それらを基にして，さまざまな概念が定義され，さまざまな定理や証明が述べられて，大きな命題体系がつくられて，理論が発展していきます。自然科学では，中心的命題は「法則」「仮説」「原理」の位置づけをもちます。ニュートンの万有引力の理論でいうなら，中心的概念は「（万有）引力」であり，中心的命題は，「宇宙のすべての物体について，2つの物体の間には，物体の質量に比例し2物体間の距離の2乗に反比例する引力が作用する」という法則です。

学術研究における理論が備えるべき条件としては，一般的には，以下のものが求められます（Argyris & Schön, 1974, pp. 197-198; Niss, 2006 参照）。

● 理論が備えるべき条件

一般性（generality）：個別の事例を越えて一般的な適用を想定している。
体系性（centrality）：理論の命題群が階層的に組織されている。
関連性（relevancy）：対象としている現象の説明に必要なものが揃っている。
無矛盾性（consistency）：理論から導かれる命題から矛盾が生じない。
独立性（independence）：理論の中心的命題群は互いに独立である

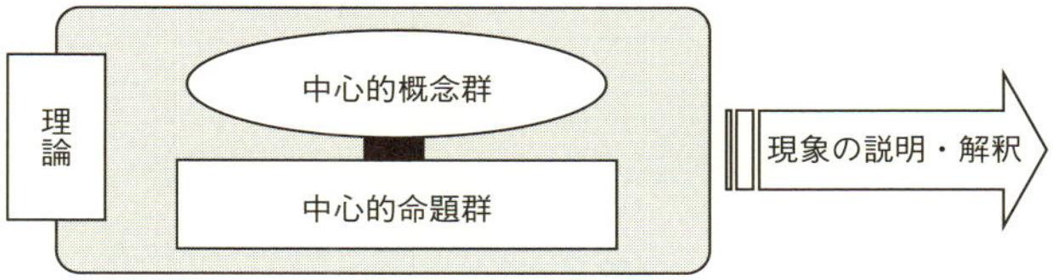

図 10-1　理論の構成と働き

ただし，通常の質的研究でめざす理論は，数学ほど徹底した理論化にいたることはあまりないでしょう。実際，人間の行動を説明するのに必要なものを全部取り込んだら，複雑になりすぎるだろうし，むだを省いてシンプルにしすぎても使い勝手が悪くなるかもしれないし，理論があてはまらない例外があっても必ずしも困らないからです。教育のような人間に関する応用科学における理論は，現象の理解に役立てるために，現象に合わせて適宜修正したり，他の理論と組み合わせたりする実用主義（pragmatism）を前提にしています。論理的に磨きをかけて抽象の世界で完結してもメリットはあまりありません。

理論の具体例として，数学教育の分野の古典的理論「ファン・ヒーレ理論」(Van Hiele, 1986）をみてみましょう。この理論は，広くその妥当性や有用性が検証され，今日でも研究の場でしばしば参照されるものです。この理論はオランダのファン・ヒーレ夫妻による 1957 年の博士論文がもとになっています。学校教員であったファン・ヒーレ夫妻は，中等学校において数学を指導する中で生徒たちが図形の学習に多大の困難を経験しているのを見て，学校現場での教授実験（11 章参照）をもとに図形の学習に関わる子どもの思考の発達段階論をつくり上げました。ゲシュタルト心理学やピアジェの発達段階を参考にしながらも数学学習に焦点化したきわめてオリジナリティのある理論として評価されています。

ファン・ヒーレ理論では，図形についての子どもの思考の発達には，5 つのレベルが存在するとしています（Hoffer, 1983, p. 207 参照）。

レベル 0:図形を形として全体的にとらえる。子どもは「さんかく」「しかく」「はこ」等と言うことはできるが，図形の性質を明確には同定しない。
レベル 1:図形の性質を分析する。「長方形は等しい長さの対角線をもつ」「ひし形の辺はどれも等しい」。しかし，図形や性質を互いに明確に関連づけしない。

レベル2：図形やそれらの性質を関連づけする。「正方形はどれも長方形である」。しかし，観察したことを正当化するために，筋道立った説明を組み立てることはない。

レベル3：平行線の性質から三角形の内角の和が180度であることを導くように，ある命題を他の命題から演繹していく筋道立った説明を組み立てる。

レベル4：厳密性の必要を理解し，抽象的推論ができる。

これら思考レベルがこの理論の中心的概念であり，それらについての中心的命題群は，次のような「性質」としてまとめられています（Usiskin, 1982）。

性質1：（固定化した系列）レベルnに到達するためにはレベルn－1を経なければならない。

性質2：（隣接性）あるレベルにおいて内在的であったものが，次のレベルでは外在的になる。

性質3：（区別）各レベルは，固有の言語的シンボル，およびそれらを互いに結びつけるネットワークをもつ。

性質4：（分離）異なるレベルにいる人たちはお互いが言っていることを理解できない。

性質5：（到達）次のレベルの完全な理解に導く学習過程は，以下のように呼ばれる5つの局面をおおよそその順番で進む。それは，探究，導かれた探索，説明，自由な探索，統合である。

この理論は，図形学習全般を対象にしており，高い関連性と一般性をもつように定式化され，性質が明確に提示され，体系性も非常に高いです。実際の発達事例をモデルにして何度も修正をへて理論が磨き上げられているので，無矛盾性，独立性も高いです。

さて，このような理論は，研究論文の中でどのように提示されているのでしょうか。最初に提案する研究者自身は「理論」と明言しないことも多いです。通常は，関連する他の研究や理論の批判的考察を交えながら，現象理解の鍵となる概念と現象において見られる性質や特徴についての議論を展開する中で，新たな見解や「説」という形で理論が提示されます。このように提示すると，他の理論や研究との関係が際立ち，当該の理論の特徴がよく伝わるからです。

たとえば，米国において黒人やヒスパニックの大学生の数学の成績が白人の大学生に比べて著しく低いという問題に取り組んだトライスマン（Treisman, 1985）の研究をみてみましょう。当時，この問題が生じている要因として，大きく4つの説がありました。それらは，黒人やヒスパニックの大学生は，①勉学への動機づけが弱い，②高校での数学学習が不十分，③家族の勉学へのサポートが弱い，④経済的に恵まれてない，というものでした。彼は，それらの要因が実際にどのように働いているのか調べるため，在籍していたカリフォルニア大バークレー校で，黒人やヒスパニックの学生20名と中国系学生20名を選んで，大学での勉強の様子についてインフォーマルなインタビューと観察研究を実施しました。中国系学生を選んだのは，同じくマイノリティでありながらも，非常に優秀な成績をおさめているので，比較対象として適していると考えたからです（9章「比較事例」参照）。その調査の結果，まず前述の4つの要因のいずれも黒人やヒスパニックの大学生の成績の低さを説明できないことがわかりました。では，何が黒人・ヒスパニックの学生と中国系学生との成績の著しい違いを生み出していたのでしょうか。トライスマンが注目したのは，後者は，勉学をサポートし合うコミュニティを大学内に形成して熱心に活動していたのに対して，前者にはそれがなく，孤立して勉強していたという実態でした。トライスマンによれば，中国系学生のコミュニティでは，参加者が大学生活の中で，グループ学習形態でお互いに協力し合って，宿題の答え合わせをしたり，ティーチングアシスタントへの質問を検討したり，試験対策のための情報交換をするなどして，授業で求められているものを明確に把握して適切な対策をとって勉学に取り組んでいました。それに対して，黒人やヒスパニックの大学生には，そういう学び合いのコミュニティがなく，見当違いの効率の悪い努力をして悪循環に陥ってしまっているようでした。トライスマンの説の中心的概念は，「（数学の）学習共同体」（learning communitiy）であり，その中心的命題群としては，この学習共同体の特徴が論じられています。

- （補習ではなくて）勉学に秀でることに焦点化されている。
- 勉学と社会生活が密着している。
- 仲間との協同的学習が進められている。
- 大学の授業者と積極的な関わりをしている。

そして，これらの特徴がうまく作用して，よい学業成果が生み出されると考えられています。トライスマン自身は，自分の研究がなんらかの「理論」を提唱したとは書いていませんが，当時としては新しい理論であったと考えてよいでしょう（ちなみに，トライスマンはこの理論に基づき，黒人やヒスパニックの大学生向けの数学学習のコミュニティを形成する Mathematics Workshop Program を開発し，高い成功をおさめ，全米の大学に広く知られるようになりました)。

概念とカテゴリー

ここで，理論の構成要素である「概念」（concept）というものを考えてみましょう。概念とは，一般的に，あるひとまとまりの考え（idea，観念）であり，物事を理解する道具立てを提供するものです。たとえば，「山」という概念は，盛り上がっている地形をとらえる一つの見方を提供しており，その概念がなかったら，地形の変化を認識したり伝達したりするのに困難を感じることでしょう。ある概念がどういう「考え」なのかを表すために，概念には，名称がつけられています。そして，概念の具体的な事例，イメージ，定義，その他その概念に関連する諸々の事柄が結びついており，それらはその概念の「意味」や「内容」—昔の論理学では，内包（intension）や外延（extension）—と呼ばれています。「山」の概念の例でいうなら，「山」，“mountain” 等の名称，近所の山や富士山という具体的事例，漢字の「八」の字のイメージ，「平地より盛り上がった地形」という定義づけ，谷の反対など，があります。

このような概念はどのようにして形成されるのでしょうか。それには，「カテゴリー」（category）というものを理解する必要があります。社会にみられる諸事象を，なんらかの共通性・類似性・関連性等をもとに，分類して

(classify)，グループ化したものは「カテゴリー」，ときに「クラス」(class)，と呼ばれます（グループ化をカテゴリー化といったりします)。そのグループの特徴を分析して定義づけしたりして，ひとまとまりの考えとして抽象されたとき，「概念」が形成されます。たとえば，血液センターの関係者が，「ただいま A 型の血液が不足しています。ご協力お願いします」と街頭で献血を呼びかけることがあります。こういう場合，血液型で人をカテゴリー化して，「A 型の人」というカテゴリーを生成していると考えられるでしょう。このカテゴリーは単に，A 型の血液型をもつ人の集まりにすぎません。それがたとえば，血液型と性格に相関関係があるという「血液型性格判断」の理論（!?）をつくっている人においては,「A 型の人」というのは単なるカテゴリーではなく，その理論の一つの構成要素となって，独自の意味づけをもつ存在（entity）として取り扱われ，いわゆる「A 型人間」という概念をさすことになります。同様に，数学で，「一方が変化するとそれに伴ってもう一方も変化している」現象のパターンをひとまとまりとしてとらえているだけでは，カテゴリーを生成しただけです。そのパターンをもとにして，たとえば，集合論の枠組みを使って，「2 つの集合 X, Y において，X のそれぞれの要素に対して，Y の要素がただ一つ決まるような関係」というように定式化し,「関数」という名称をつけて，はじめて，数学的理論の一概念と認められます。事象をグループ化するだけでなく，グループそのものを抽象化して，既存の理論等，概念ネットワークの中の一構成要素として位置づける必要があります。このように，カテゴリー化はグループ化，概念化は抽象化に関わる営みといってもよいでしょう。

カテゴリー化と概念化は密接に関連したものです。日常的に使われる概念は，カテゴリー化から生み出されたものが大部分です。たとえば，大人がカラスやスズメを指して，「とり」と呼んでいるのを聞いて，幼児は，「とり」というラベルのついたカテゴリーを生成し，それが,「羽をもつ」「空を飛べる」「虫より大きい」というような特徴と結びつき，子どもなりの動物分類理論を形成して，「鳥」概念をつくっていくと考えられます。それはもちろん，生物学者の認める分類理論とは必ずしも一致しないのですが，子どもの当面の関心には十分なものでしょう。そして，概念のもとになったカテゴリーの成員が，概念の具体的事例をなします。上記の「血液型」の例でもみられたように，「理論」

のレベルもさまざまで，概念とカテゴリーの区別がつかないほど抽象度の低い理論もあるでしょう。そして，理論を階層的に発展させていく過程では，理論の構成要素である諸概念をさらにグループ化して抽象的なカテゴリーをつくることも必要になります。事象からカテゴリーを生成し，それらカテゴリーから概念を生み出し，さらに，それら概念を複数集めてカテゴリーを生成する，といったグループ化と抽象化を繰り返して，高度な理論がつくられることになります。もちろん，階層を上に築いていくだけでなく，すでに生成したカテゴリーを細分してサブカテゴリーを生成して，そこから概念を生み出すという下方向の階層をつくることも重要な営みです。

さて，グラウンデッド・セオリー・アプローチは，理論生成をめざすものであり，事象を分類するだけの意味の「カテゴリー」を生成するのでは不十分であり，抽象化･概念化への強い志向があります。それゆえに，グラウンデッド・セオリー・アプローチの書物に現れている「カテゴリー」という用語は,「概念」の一種と考えてよいのです。

> カテゴリーとは，データから引き出された概念であり，現象を表すものである。……現象とは，私たちのデータから出てきた，重要な分析上の考えである。「ここで何が起こっているのか？」という問いへの答えを与えてくれる。現象は，研究対象となっている人々にとって重要な問題，結果，関心，事柄を描写している。（ストラウス & コービン，2004, p. 142）

以下では，分析作業の中でデータに根ざしたものとして生み出される概念に限定した専門用語として，「カテゴリー」を使用します。なお，木下（2007, pp. 209-216）は，生データの分析から生成された複数の概念間のまとまりに,「カテゴリー」という用語の使用を限定し，他は「概念」で通しています。他方，ストラウスとコービン（2004），および戈木クレイグヒル（2006）では，生データを細分化して得られる断片についての直接的解釈から得られる概念を「ラベル」と呼び，それらをグループ化して得られる概念を「カテゴリー」という用語で通し，その中で,「プロパティ」「ディメンション」「コアカテゴリー」「サブカテゴリー」等の名称でさまざまな種類のカテゴリーを使い分けています。

カテゴリー（および概念）の生成とそれらの階層的関係づけ

理論を生成していくには，まず，データ分析を通じてさまざまなカテゴリーまたは概念を生成して，それらを徐々に階層的に組織化していくことが必要です。以下では，グラウンデッド・セオリー・アプローチにおける組織化の形態について，その基本構造を説明します。

まず，関心をもっているあるひとまとまりの社会的現象を，一つのカテゴリーとしてとらえます。社会的現象を分析する枠組みはさまざまに考えられます。ストラウスらは，基本的枠組みとして，社会的現象を二つの側面からとらえる見方を提案しています。彼らによれば，社会的現象は，それが生起する条件，要因，状況，および生じる帰結といった構造的側面と，現象がどのように展開するのか，どういうやり方で行われるのか，どういうやりとりを経るのかというプロセス的側面からとらえられます（Strauss & Corbin, 1998, p. 123, p. 192）。

カテゴリーを生成していく中で，この両面に着目して分析を進めます。関心をもっている現象を扱うカテゴリーをここではカテゴリー A と呼びましょう。カテゴリー A に関して，その構造的側面に関わるカテゴリーやプロセス的側面に関するカテゴリーを見いだしていくことになります。それらは，カテゴリー A の「特性」（プロパティ，properties）を表すカテゴリーであるとされ，カテゴリー A の下に属する「サブ」カテゴリーと呼ばれます。

さらに，カテゴリーの各特性は，その具体化の種類，場合，範囲等に細分化されます（図 10-2）。その細分化は次元化と呼ばれ，その細分結果は，次元（ディメンション，dimensions）と呼ばれる一連のカテゴリー群となります。

このように，データ分析から生成されたカテゴリーを階層的に関連づけして，体系化することができます。このような体系化は，後述の「軸足コーディング」（axial cording）の過程でつくられます。その英語名の示す通り，軸足コーディングは，カテゴリーを座標平面内に位置づけるための座標を求めるのにたとえられています。カテゴリー A を，平面内のある限られた領域と考えてみましょう（図 10-3）。その場所は，2 次元平面なら，適当なところに原点を定めて，2 つの座標軸，x 軸・y 軸を使ってとらえることができます。原点をどこにと

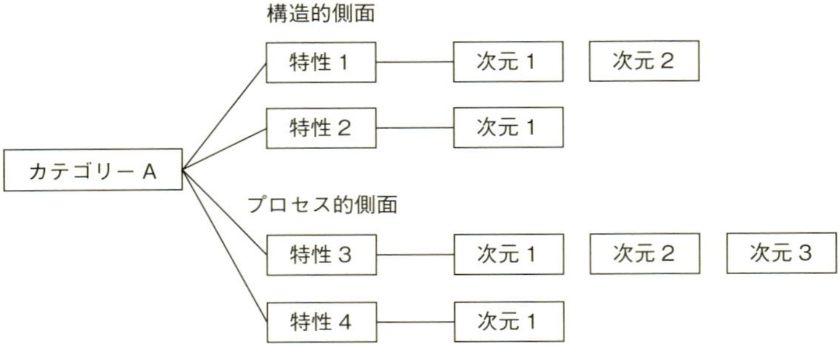

図 10-2　カテゴリー間の階層的関連づけ

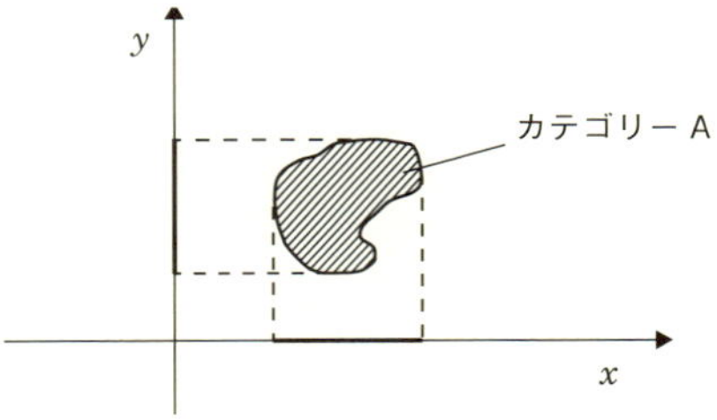

図 10-3　カテゴリーの特性と次元の関係

るか，座標軸をどの方向にとるかは，データに合わせて決定します。カテゴリーAをとらえるための特性は，ここでは座標軸，x 軸・y 軸に相当します―2次元平面で考えるときは，特性の数は2つです。そして，カテゴリーAが位置する場所の x 座標，y 座標の値の範囲（図で太い線分）が，それぞれの特性に関するカテゴリーAの次元に相当します。ちなみに，物体のタテ・ヨコ・高さのサイズのことを，英語では日常的に“dimensions”といいます。ここでは，簡単にするために2次元平面で説明しましたが，特性の数を増やしたければ，高等数学で扱う n 次元空間で考えればよいでしょう。また，実平面 R x R の代わりに，整数の直積空間 Z x Z で置き換えれば，カテゴリーA内の点の座標は整数値のみとなり，次元は，線分ではなく，離散的な値の集合になります（たとえば，Strauss & Corbin, 1998, p. 141）。

仮説の生成

社会的現象を説明する理論をなすには，こうして生成されたカテゴリー体系にさらに，問題としている社会的現象についての仮説（仮説的説明）が提案されなければなりません。仮説は，カテゴリーの次元のレベルで表現された命題の形をとります。すなわち,問題としている現象を説明する「何が」「どこで」「なぜ」「どのようにして」「どうなる」というストーリーを立てます。数学の理論にたとえるなら，仮説は定理に相当するものですが,「作業仮説」なので，データとの突き合わせの過程で，何度も修正・洗練されていく性格のものです。

【具体例】

以上のことを,具体例を用いて説明します。前述のトライスマン（Treisman, 1985）の研究を，グラウンデッド・セオリー・アプローチで進めた場合を想像して，再構成して，どのように仮説生成が可能か考えてみましょう。トライスマン自身は，グラウンデッド・セオリーを意識して進めたわけではありませんが，その論文の随所で，研究過程で現象を理解する鍵となるカテゴリーや次元が浮かび上がってきた様子が見て取れます。彼は，バークレーの学生の勉強のスタイルを探究しました。そこで,「大学での勉強スタイル」というカテゴリーを設定して，その特性，次元，仮説を考えてみると，以下のようなものが候補になるかもしれません。

㊀例

カテゴリー：「大学での勉強スタイル」

【構造的特性】

特性 1：「勉学の照準」　次元：サバイバル～卓越性

特性 2：「教室外の学習形態」　次元：孤立して勉強～仲間との協同

特性 3：「勉学と社会生活の結びつき」　次元：勉学と社会生活の分離～密着

【プロセス的特性】

特性 4：「授業情報の確認方略」　次元：セルフチェック～仲間からの多元的チェック

特性 5：「授業者との相互行為」　次元：受動的～積極的

【仮説】

「学生たちがグループを形成して，その成員が互いに卓越性をめざし，授業に関する情報交換を日常的に行いながら協同学習を進め，なおかつ授業者への積極的なアプローチをしている場合，その学生たちは授業に対して適切な理解と対策をとって学習を進めることが可能になり，優秀な成績を獲得する。」

なお，このような学び合いのコミュニティに加わらずに孤立して勉強している学生についての仮説も同様に設定できますが，それは読者にお任せします。

コーディング，サンプリング，理論の創造

データ分析においては，すでに入門編で述べたように，現象をラベルづけするコーディングという手段を用います。コーディングの目的や方法の中心は，分析の進み具合によってシフトしていきます。分析の初期から終期へと，ストラウスらは，オープン・コーディング，軸足コーディング，選択的コーディングの３種類のコーディングを提案しています。

すでに論じたように，質的研究法では，データ分析とデータ収集が関連し合って進みます。したがって，コーディング作業は，サンプリング過程と連携して進められます。ストラウスらは，上記３種類のコーディングと連携するサンプリングとして，オープン・サンプリング，関係・バリエーションのサンプリング，限定されたサンプリングの３種類を提案しています。ただし，ここでいうサンプリングというのは，実際にフィールドに行って新たにデータを収集することばかりをさすのではなく，すでに収集されているデータの中から特定のデータを選び出したりすることも含まれます。

３つのコーディング方法と３つのサンプリング方法の関係，およびそれぞれの特徴を一覧表にまとめると以下のようになります（表 10-1）。もちろん，これはわかりやすくするために，やや単純化してまとめたものであり，現実には，それぞれの方法が重なり合って使われることでしょう。

表 10-1　グラウンデッド・セオリー・アプローチのコーディングとサンプリング

コーディング名	オープン・コーディング	軸足コーディング	選択的コーディング
主目的	カテゴリー，特性，次元を生成する。	カテゴリー間の関連づけを探る。カテゴリー，特性，次元を階層的に組織化する。	仮説および理論を生成し精緻化する。
時期	分析初期～中期	分析中期	分析中期～終期
分析手続き	事例同士の比較 カテゴリー同士の比較	事例同士の比較 カテゴリー同士の比較 構造とプロセスの関連づけ	中心的カテゴリー（メイン・テーマ）の同定 中心的カテゴリーと他のカテゴリーとの関連づけ（次元レベルで暫定的仮説を生成する） 仮説，理論の精緻化（妥当性を高める）
役立つ探究的問い	5W1H を問うもの： 何が，誰が，どこで，いつ，なぜ，どうやって，という形の問いによって，カテゴリー，特性，次元を指し示すデータを探っていく。	特定のカテゴリーについて 5W1H を問うもの： 特定のカテゴリーに特性，次元となるサブカテゴリーを結びつけていく。 カテゴリー間の関係を問うもの： 「このカテゴリーは，他のとどう関連しているのか？」「もしこの条件が成立していると，どんな結果になるのか？」等々を問い，カテゴリー間に成立する関係について仮説を立てる。また，構造（why）とプロセス（how）を関連づけていく。	中心的カテゴリーを同定したり，それによる関連づけを促進するもの： 「彼らが関わっている問題のメインは何なのか？」 「私が繰り返し出くわしているのは何なのか？」等々。 仮説，理論の論理的整合性に関するもの 仮説，理論とデータとの整合性に関するもの
サンプリング手続き（理論的サンプリング）	**オープン・サンプリング** 研究課題に関係ありそうな事例を探して，オープンマインドでデータを採って比較をする。カテゴリー，特性，次元が浮かび上がってきたら，それらが関わっていると思われる事例を探す。	**関係・バリエーションのサンプリング** 一つのカテゴリーについて： 一つのカテゴリーについてその特性の次元がさまざまに異なると思われる事例を探して比較をする。そうして，特性や次元の多くのバリエーションを調べ上げる。類似した事例と比較する方法（「最小化」）からはるかに異なる事例と比較する方法（「最大化」）まで，それぞれに使い道がある。 複数のカテゴリーの関係について： 複数のカテゴリーの関係を調べるために，それらカテゴリーが同時に関わっている事例を探して，比較をする。そして，複数のカテゴリーを次元レベルで関連づける仮説を生成していく。	**限定されたサンプリング** 比較分析を最大限に進めていく。 負事例を探索する。 理論的飽和をめざす： (1) カテゴリーが出尽くしたか， (2) 特性，次元も十分洗練されたか， (3) 仮説の妥当性が高まったか。

分析方法：継続的比較法

どんな科学的探究も，問いを立ててそれを追究する営みが基本です。ストラウスらも上記３つのコーディングとサンプリングの過程において，研究者が自らに課すべき問いを論じています。表 10-1 にはおもな問いの種類をあげておきました。

グラウンデッド・セオリー・アプローチでは，「問い」と平行して，「比較」を主要な分析と理論創造のための手法としており，その手続きは「継続的比較法」（constant comparative method）と呼ばれています。それには大きく２種類の比較の方法が論じられています。一つは，事例同士の比較（comparing incident to incident）です。もう一つはカテゴリー同士の比較です。後者は，理論的比較（theoretical comparison）と呼ばれ，理論創造のために最も重要なものです。

1．事例同士の比較

関心をもっている事例をいくつか比較して，それらの類似点と相違点を検討することによって，事例の分類が行われます。分類によって生成されたグループは，カテゴリーとなります。

さらに，同じカテゴリーに属する事例同士について比較を進めて，それらの類似点と相違点について検討します。類似点を調べることによって，カテゴリーに共通する属性である特性を見いだすことができるでしょう。相違点を探ることによって，次元のバリエーションを見いだすのに役立つでしょう。たとえば，近年，教育現場では子どもたちの表現力がよく話題に上ります。「表現力が弱い」とされている子どもに何人も接していくと，その子どもたちに共通する事柄に気づくでしょう。たとえば，「話がばらばらで，言いたいことが他人に伝わらない」「的確な理由が言えない」というようなパターンは典型的です。他方，そういうパターンを示す子どもたちを一人ひとり比較してみると，実際にはさまざまな違いがみられるでしょう。たとえば，言葉数自体が少ない場合もあれば，言葉数は多いが繰り返しが目立つ場合などがあります。そのバリエーションを理解しておくことは，「表現力が弱い」ことへの型にはまった対応を避けるうえで大切です。

2. カテゴリー同士の比較（理論的比較）

カテゴリーがどんな特性や次元をもっているかは，カテゴリーの事例をいくつも比べて考えていく帰納的手段だけでは，必ずしも思いつきません。たとえば，数学の授業の様子のとらえ方を考えてみましょう。ある現場の教師は，研究授業のことを話題にしているときに，「私の授業はよくお祭り授業だって言われる」と述懐していました。「お祭り授業」というのは，その教師の属している教師仲間の間で共有されている表現だそうです。この「お祭り」という表現には,「授業」と「お祭り」を比較するという視点がみられます。「お祭り」は,「授業」とはまったく別のカテゴリーであり，決して，授業中にお神輿を担いだり，踊りを踊ったりするわけではないのです。クラス全員が楽しそうに活動に参加しているが，必ずしも内容の深まりがない様子が，「お祭り」と共通するととらえているのでしょう。共通する特性としては, たとえば,「イベント性」「盛り上がり」などを考えることができるでしょう（ただし，これは，研究授業として授業を構成するときに, 目立つ特性かもしれません）。こういう特性は,授業というカテゴリーに属する事例だけをみていては明確にとらえることのできないものです。

人間が現象を理解するプロセスは認知的活動であり，認知科学において研究が進められています。その研究で明らかになっているものの一つに，何かを理解するとは，自分たちがすでに知っている事柄（「認知モデル」）に関連づける過程である, というものがあります。「授業」というカテゴリーを理解するのに,「お祭り」というよく知られているカテゴリーに関連づけることも，この人間の認知的活動の現れなのです。そして，この２つの異なるカテゴリーの間の比較をすることによって，関心をもっているカテゴリー「授業」の特性が浮かび上がってくるのです。

カテゴリーとカテゴリーの比較は，理論創造にとってたいへんパワフルな道具です。上記の事例では，当事者である現場の教師がたまたま「お祭り」というカテゴリーを現場で共有されているもの（インビーボ・コード）として明示してくれました。当事者へのインタビューの最中に，新しいカテゴリーやカテゴリーの新しい特性が明確に浮かび上がってくることがありますが，いつもそういう幸運が起こるわけではありません。当事者は当事者自身のことをすべて意識できているわけでもないし，的確に表現できるわけでもありません。研究者が，当事者に関するさまざまなデータの中から，当該のカテゴリーの特性や次元を考えるのに役立つ他のカテゴリーを見つけだす必要があります。そこは，研究者の腕のみせどころになります。使い古された表現に安住せず，慣れ親しんだ見方や解釈から脱却して，想像力を発揮して，さまざまなカテゴリーと比較を試みる努力が必要になります。教育研究における最近の理論には，実際，たいへん興味深いカテゴリー比較がみられます。たとえば，教授・学習過程を「徒弟制」（apprenticeship）とみなす認知的徒弟制理論（cognitive apprenticeship），教師の指導を「足場かけ」（scaffolding）ととらえる見方，教師と生徒のやりとりを「交渉」（negotiation）ととらえる見方，など学校教育を，それとは一見関係なさそうなカテゴリーと比べています。

カテゴリー間の比較は，個々の事例よりもカテゴリーのレベルで思考を進める作業を刺激します。データを分析していると，往々にして，個別の事例の詳細を追究することばかりに気をとられて，概念レベルに進めなくなることがあります。しかし，グラウンデッド・セオリーは，個別の事例の報告書を作成するのが目的ではありません。「その事例から何がいえるのか」という理論化志向をもつことが大切です。カテゴリー間比較は，それを刺激するのに役立ちます。

3. カテゴリー同士の比較のための技法

(1) フリップ・フロップ技法（反転技法）

一つのカテゴリーＡの理解を深めるために，その「反対」や「極端」に相当するカテゴリーＢを考える技法です。カテゴリーＢの特徴を調べて，カテゴリーＡとの違いを検討すると，カテゴリーＡについて新たな特性が浮かび上がってくることがあります。

たとえば，近年，算数・数学の授業で，数学の問題の答をコンピュータで見つけたり，確認したりする活動が増えています。図形の性質なども，論証ばかりしないで，「カブリ」など図形学習ツールとよばれるソフトウェアを用いて確かめれば十分ではないかという議論が教育現場で提起されています。そこで，図形学習ツールで図形の性質を確かめる活動を，「コンピュータ証明」という名のカテゴリーとしてみましょう。コンピュータによる確かめの特徴としては，「直接検証」があげられるかもしれません。図形学習ツールを使う場合は，図形を描いてみて，当該の性質が成り立っているかどうかを，コンピュータに測定させてみて，確かめるものです。たとえば，「二等辺三角形の２つの底角は等しい」という命題を確かめるなら，二等辺三角形をツールで描いてみて，２つの底角の大きさをツールで測定してみて，数値が一致するかどうかを，いろいろな場合について調べます。文字通りといってよいくらい，実に，直接的です。しかもコンピュータなので，非常に多くの形の二等辺三角形を瞬時に確かめられます。

「直接検証」というカテゴリーの反対のカテゴリーとして，「間接検証」を考えてみましょう。コンピュータを活用できる学習で，「間接的」に確かめるというのはどういう場合でしょうか。伝統的論証による確かめは，さまざまな前提に依拠して，論理の連鎖をつくり上げていく「間接検証」です（いわゆる間接証明とは別の話です）。その意味で，論理的推論が確かめの過程に関わらざるをえない場合を考えてみるとよいでしょう。たとえば,「多角形の内角の和は，何度になるだろうか」という図形の問題に取り組んでいる場合，「多角形」の例として，三角形，四角形，五角形，……のすべてについて成立することを考えなくてはならない，という推論が関わるでしょう。それぞれについては，図形学習ツールで作図して数値を求めることができます。しかし，それらの数値から多角形「一般」についての事柄を見いださなくてはなりません。それには，図形学習ツールではどうしようもありません。論証まではいかなくても，たとえば，表を作成してパターンを調べるなどの活動など，いずれにしろ，推論が関わってきます。

また，「三角形の内角の和と四角形の内角の和の間の関係はどうなっているか」というような，図形学習ツールで見いだされた個々の知識の間の関係を問う問題はどうでしょうか。科学は知識の寄せ集めではないので，個々の知識の間の関連を追究することは自然な営みです。このような「メタ」を問う場面では，推論活動が目立ってきます。

ここで，「直接検証」に立ち返ってみましょう。「直接検証」ができるのは，問題が，直接検証しやすい問題や直接検証しやすいように定式化されている問題の場合に限られていることがみえてくるでしょう。そこで，「問題の種類」や「問題の定式化」という特性を設定して，それらにどのようなバリエーションがあるのかを考えてみることになります。

(2) 体系的比較

あるカテゴリーに近いカテゴリーから遠いカテゴリーまで，研究者自身の経験や文献から選んできて，それらの特性や次元について，比較を行う方法です。

たとえば，トライスマンの研究した「大学生の勉強スタイル」に近いカテゴリーとして，「高校生の勉強スタイル」というカテゴリーを考えてみましょう。学校段階としては，高校生は大学生に近いです。しかし，大学生と違って，高校生の多くは自宅から通学できる学校に通い，同級生には地域の知り合いもいます。トライスマンの記録によれば，バークレーに入学した黒人やヒスパニックの多くが，高校時代には，勉強と生活において友人たちと恵まれた関係を形成していたことがわかります。

そこで，同じような特性が，「大学生の勉強スタイル」にも考えられるか，と思いをめぐらします。そうすると，高校時代のような豊かな交友関係が，大学に入学してから新たに形成できたのかという疑問が起こるでしょう。そして，具体的にデータにあたって調べ直すのです。

今度は，「大学生の勉強スタイル」とかけ離れたカテゴリーを考えてみましょう。たとえば，「料理人の修行スタイル」を考えてみましょう。料理人として一人前になるには，いわゆる見習い人として働く必要があります。そこでは，親方や先輩職人が「メンター」（mentors）として，見習い人のモデリングやアドバイスを仕事の中で行っています。さて，同じような特性が，「大学生の勉強スタイル」にも考えられないでしょうか？ 大学生の勉強スタイルにおいて，「メンター」に相当する役割は考えられないでしょうか？

データ分析というと，多くの具体的事例の観察から徐々に一般化していくという伝統的イメージがあります。理論的比較では，それとは違って，かなり思いきった比較を行って創造力を刺激することが求められるのです。

以上，グラウンデッド・セオリー・アプローチがめざす理論化の主要な概念と技法について概説を試みました。グレイザーとストラウス（1996）は初学者には難解ですが，このアプローチの理解と習得には，まずそれを読みこなすことを避けては通れません。本章の説明が，そのための一つの導きになればと思います。

11　教授実験，デザイン実験，アクション・リサーチ

教育研究には，教育の現状を理解するだけでなく，教育活動に積極的に介入し，現状を変えていく形態のものもあります。教育研究において，特に数学教育や科学教育を中心に1980年代から「教授実験」と呼ばれる研究方法が広まりました（Kelly & Lesh, 2000）。「実験」とはいっても，量的研究法でいう「実験」とは反対に，当事者側の理解を重視した研究であり，質的研究に属すると考えられるものです。伝統的な民族誌的研究（エスノグラフィ）がフィールドで起こっていることに介入しないのに対して，この「教授実験」では，研究者が教育活動に直接的に介入します。一般の教育研究においても，「デザイン実験」等の名称で，研究者が教育活動に直接的に介入する研究が1990年代から広まってきており，「教授実験」を含む幅広いものとして理解されてきています（van den Akker, Gravemeijer, McKenney, & Nieveen, 2006; Kelly, 2003; Kelly, Lesh, & Baek, 2008）。さらに，教育や社会の現場では，当事者たち自身が現状の変革に向けて行う研究的営みとして「アクション・リサーチ」が知られています。ここでは，教授実験，デザイン実験，アクション・リサーチの特徴と方法について議論します。

教授実験

1.　ロシアにおける教授実験

教育研究としての「教授実験」は，旧ソビエトで行われていた研究に始まるといわれています。それらが“Soviet studies in the psychology of learning and teaching mathematics”として英訳されて英語圏に紹介され，広く知られるようになりました。それまで，教育研究における実験といえば，自然科学における実験をモデルにしたもので，あらかじめ仮説を定式化し，それを確かめるための実験を計画し，被験者を実験群と対照群にランダムに振り分け，実験後における両群の差を統計的に検定することによって，仮説の成否を結論するというものでした。教授実験は，それとは大きく異なる特徴を備えていました。トンプソン（Thompson, 1979, pp. 1-2）は，それを５つの特徴にまとめています。

● 教授実験の特徴

①児童・生徒たちが学校の教科内容を学習する過程を解明することをめざす。

②研究は長期的な性格をもつ。

③児童・生徒の学習過程に研究者が介入する。

④研究の途上に集められた観察結果と，次の研究活動の立案の間を絶えず行き来する。

⑤量的データよりも質的なデータ（を活用する）。量的データが集められる場合，それらは，主として記述的方法で使われる。

第１の特徴は，特定の教科内容について研究者があらかじめ考案した教授が効果的か否かというようなことに関心をおくのではなく，児童・生徒たちがどのように教科内容を学ぶのか，その心的プロセスを理解することに大きな関心をおいているということです。

第２と第５の特徴は，この心的プロセスの理解への関心に深く関わっています。心的プロセスへの理解は，テストの点数に代表されるような，量的データだけでは，深まらないと考えます。子どもの反応を数量化してしまうのではなく，子どもの活動を観察して解釈することが不可欠なのです。研究が長期的になるのは，学校の教科内容の学習は短時間で完結することは不自然なこと，および，質的データを利用する場合は，長期的に観察することによって妥当性のある結論ができることから必然的です。

教育研究に対するソビエトと米国の考え方の大きな違いは，ロシアの心理学者たちは，ヨーロッパに広くみられる伝統に従って，教育心理学において定量的（量的，quantitative）な方法よりも定性的（質的，qualitative）な方法を頻繁に用いるということである。それゆえに，米国の読者は，初期のロシアの論文のいくつかは，デザイン，分析，報告に関する米国の基準に厳密には沿っていないとみるかもしれない。しかしながら，定性的方法を用い，少人数グループ［の子どもたち］を対象として，ソビエトの研究者たちは，子どもの思考に入り込み，その心的過程を分析することができたのである。この目的のために，彼らは研究のために教室で使うタスクや教室環境までもデザインし，学習についての長期的で発生的な研究を強調してきた。

（Kilpatrick, Wirszup, Begle, & Wilson, 1975, p. iv）

第３の特徴は，ピアジェらに代表される臨床インタビュー研究との相違を示しています。子どもの心的過程を探究することでは，ピアジェらに代表される臨床インタビュー研究と共通しています。しかし，ロシアの研究が臨床インタビューと大きく異なる点は，「教授」介入が中心的な位置を占めている点です。臨床インタビューでは，インタビュアーから課題や質問が被験者に出されますが，被験者への積極的な教授活動は行われません。それに対して，教授実験では，被験者への教授活動が積極的に計画され，それを担う「教師」がいます。さらに，第４の特徴で指摘されているように，教授介入の仕方は児童・生徒の反応に応じて柔軟に変えられます。

教授と児童発達の間の相互関係については，ピアジェを指導者とするジュネーブ学派とソビエト心理学者とが鋭く対立する源になっている。スイス心理学者たちは，子どもの発達における教授の役割には限られた価値しか認めていない。彼らによれば，教授は，子どもの精神発達における個々の段階―特定の年齢水準において顕在化し，教授状況からは比較的独立な段階―に従属するものである。

精神についての唯物論的進化の理論の代表者として，ソビエト心理学者たちは教授に中心的役割を与えるのである。教授は発達の可能性を広げ，それを加速化したり，子どもの精神発達の段階の系列のみならず，段階そのもののの性格にさえ影響を及ぼすかもしれない，と彼らは主張する。ロシアの研究者は，変化する教授条件のもとで発達を研究し，それら条件を変化させることによって，子どもの発達の本性がその過程でどのように変わるかを示して見せるのである。結果として，彼らは，才能のテストも探究しているのだが，静的ではなく，精緻で動的な指標を用いている。(Kilpatrick et al., 1975, p. v)

2. 構成主義における教授実験

構成主義（Constructivism）とは，1980年代から米国を中心に教育界において大きな影響力をもった理論です。それまでの米国の伝統的な教育では，いわゆる「知識注入型指導」が広くみられました。習熟すべき教育内容をあらかじめ詳細にカリキュラムとして決定し，教師はそれに沿って，カリキュラムに盛られた知識を生徒に伝達していき，生徒はそれを受け取って，練習問題を通してそれを身につけるというものです。

知識注入型指導では，生徒自身の能動的，自発的な活動は大きく制限されています。本来，生徒自身は一人ひとりいろいろな理解の仕方をしています。しかし，理解の状態に応じて指導を組み立てていくのではなく，あらかじめ教師や教科書で決められてしまっています。生徒自身のアイデアや理解の仕方は生かされません。また，そのような受け身の学び方で身につけた知識は，学校のテストでよい点がとれるかもしれませんが，学校以外の場では役立たないものになりかねません。それゆえに，学ぶ知識の本来の価値を実感することも期待できないと考えられます。

知識注入型指導のこのような点に問題を感じた教育研究者たちは，心理学の研究で提案されていた構成主義の考え方に共感し，米国を中心に支持が広がっていきました。米国の構成主義は，スイスの心理学者ジャン・ピアジェ（Piaget, J.）の理論を基礎にしながら独自に発展しました。構成主義の基本原理は，以下のようにまとめられます。

● 構成主義の基本原理

①［知識の能動的構成］知識は，外界との感覚経験や他人からの伝達によ

って，受動的に受け取られるものではない。知識は，人それぞれの内面で，能動的につくりあげられるものである。

② ［適応をめざした知識］知識の獲得というのは，自分の住む経験世界での適応（「生き残り」）をめざして進むものであり，経験世界で直面する問題の解決に有用なものへと向かう。

③ ［反省的活動による構成］知識は，自分自身の身体的経験や心的経験をふり返って考察し，経験を再組織化することによって成長する。

（中原，1995）

構成主義に基づく教育では，子どもの内面における能動的な構成活動を学習の中心としました。それは，子どもによる理解（意味の構成，sense-making）こそが重要であるとするからです。そして，教師や教科書から提示された「内容」を，子どもがそのまま吸収するという「知識の注入」はありえないと考えます。子ども自身の経験と外部から提示された「内容」が完全に一致するという保証はなく，むしろ子どもが受け取ったものは大人である教師の想定したものと意味にギャップがあるほうが普通であると考えます。子どもは自分自身の経験をもとに内面での構成を進めることによってしか発達しないと考えます。それゆえ，子ども自身の経験と能動的な構成を理解し支援していくことが教育の中心となるべきであると提唱しています。

構成主義を理論的な前提として教育研究を推し進める場合，自然科学の実験をモデルにした研究方法ではきわめて不十分であることが明らかになります。知識注入型の授業で，その効果を生徒のスコアで測定して，授業の諸要素と生徒側に生じた効果との間の因果関係を検証しようというタイプの研究は，自然科学の実験モデルに沿ったものです。一方，構成主義に基づく教育では，子どもがどのような意味を構成しているかが，最も重要になります。教師が提示した内容を，一人ひとりの子どもがどのように理解し，どのように考えを進め，どのような意味を見いだしたか，という子どもによる意味の構成活動が分析の焦点になります。それは，自然科学の実験モデルが分析の対象にしていない領域，「ブラックボックス」化している領域なのです。

子どもの意味構成活動を探究するような研究方法として，構成主義の原点であるピアジェの臨床インタビューを借りることが考えられます。しかし，米国の構成主義者たちは，臨床インタビューだけでは教育研究には不十分であると考えました。学校における学習を前提にした場合，教師は単に子どもにタスクを課してインタビューすることにとどまるわけにはいきません。教師は指導的な働きかけを積極的に行い，子どもの側の反応に応じて，教師の側も働きかけを変化させるという，相互のやりとり（相互行為，interaction）が不可欠なのです。さらに，子どもの概念発達は時間がかかるため，長期間にわたって研究を継続することになります。

そこで，構成主義を推し進める研究者たちは，学校現場に戻って，臨床インタビューに継続的な教授的介入を組み合わせた研究方法である構成主義的教授実験を開発したのです。この方法は，ロシアにおける教授実験研究が1970年代に米国の数学教育界に紹介されるに際して，広く認知されるようになりました。ただし，両者の一般的な研究手続きはほぼ共通していますが，ロシアの教授実験は，唯物論的進化論を前提にしており，構成主義の教授実験は，構成主義を理論的前提としています（Thompson, 1979）。この理論的前提の相違は，研究上の関心，教授の位置づけ，結果の解釈の枠組み等々における違いを生み出しています。

3. 構成主義における教授実験の手続き

構成主義における教授実験は，教授・学習における相互行為とそれを検討する活動（ふり返り，反省，reflection）の両面が密接に関わり合う営みです（Simon, 2000）。ステフィとトンプソン（Steffe & Thompson, 2000）は，その特徴を5つに分けて論じています。

①探究的な教授活動

構成主義は，教授的介入の下での子どもの意味構成を理解することを目標にしています。そのため，研究者は，教授場面における相互行為に直接的に関わっておくことが重要になります。そして，子どもの見方，考え方，やり方を探っていく教授活動に従事することが求められます。

②仮説の生成

何かを理解する営みは，それについての妥当性の高い仮説を生成することで

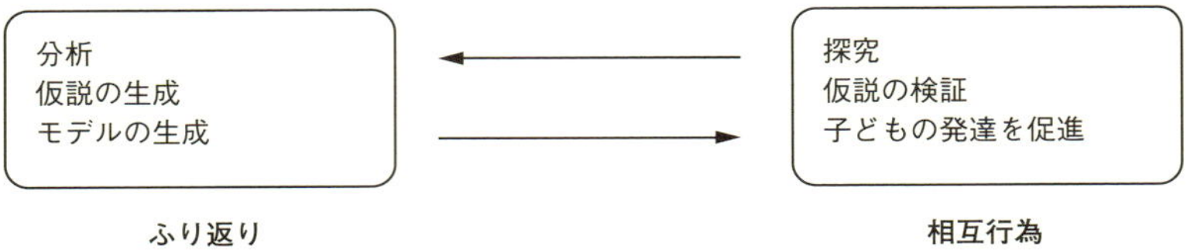

図 11-1　相互行為とふり返りのサイクル（Simon，2000，p.339）

す。しかし，いきなり妥当性の高い仮説を生成することはできません。探究的教授や研究文献や以前の教授実験の経験から，研究者は暫定的な仮説をつくってみます。これは教授活動の前後や最中のいろいろな機会に生み出されます。

③仮説の検証

研究者が生成した暫定的仮説は，教授活動（「授業」）の中での子どもとのやりとりの中で，チェックされます。すなわち，仮説から予想される子どもの反応とは矛盾するような様子が観察されるかどうかに注意するのです。

④教授活動のふり返りと次の教授活動の計画

教授活動の記録（授業者による観察，オブザーバーによる観察，ビデオテープやフィールドノーツの記録等）を手がかりにして，研究者は子どもの意味構成について検討し，仮説を修正したり，新たな仮説を生成したりします。そして，それをもとに次の教授活動の計画を検討します。

⑤子どもの意味構成に関する発達的モデルの生成

教授活動に従事し，子どもの発達の促進をめざしながら，①～④の過程を何度も繰り返していきます。そうして，最終的には，子どもの意味構成過程についての発達的モデルを，それまで得られたデータに基づいて作成します（図11-1）。

デザイン実験

教育実践の具体的な改善を図ったり，新しい教育実践を生み出したりする研究においては，教育実践への積極的な介入が必要になります。「教育実践への介入」は，学習環境の設計（「デザイン」）を行うことと考えられ，そのような介入を伴った研究は，近年教育学者の間では，デザイン実験やデザイン・リサーチ（design experiment, design research, design-based research 等）と呼ばれるようになってきています。これは，ハーバード・サイモン（Simon, H. A.）の飛行機やコンピュータ・プログラムを設計（デザイン）したりする工学的な研究（1969）にならって，教育も「デザイン科学」として位置づけた考え方です（Collins, Joseph, & Bielaczyc, 2004; Wittmann, 1995）。

教育実践への直接介入は，教材だけでも，教材の内容，単元構成，課題の選択と配列，資料，機材，ワークシート等々の検討が関わってきます。実際の指導では，授業の流れ，板書計画，発問の仕方，子どものさまざまな反応への対応の仕方，評価の仕方等，といった事柄から，クラスの中での行動の規範のようなクラスの運営の検討も関わります。しかも，それらがお互いに関連し合っている面があり，一部を変更すると他の部分も変わらざるをえない場合も多いです。したがって，デザイン実験の遂行にあたっては，研究上の焦点を置いているところだけでなく，学習環境全体を視野に入れて進めることが必要です。たとえば，デザイン実験のパイオニアの一人である心理学者アン・ブラウン（Brown, A. L.）は，「学びの共同体」（a community of learners）という包括的学習環境を設計して，そのデザイン実験をしています。

教育研究におけるデザイン実験は，数学教育研究で従来から行われてきた教授実験を含むものであり，教育現場における実践とその理論的なふり返りの両面を備えています。より一般的に述べると，デザイン実験は，教育研究の過去の理論的成果に基づいて，ある特定の教育現場において学習環境を設計し，そこでの実践の中でその設計を絶えず見直して修正を繰り返し，より現実的で洗練された学習環境の形成をめざすものです。同時に，その過程の中で，学習環境の設計に関する新たな理論的知見を生み出すことをめざしています。特に，特定の設計がどういう機能を果たしたのか，を理論的に説明できることが重要です。単に，特定の教育現場でよい実践を達成するだけではなく，また，現場で役立つノウハウを開発するだけでもありません。ブラウンの研究の歩みはその継続的な営みの特徴をよく体現しています。彼女は，相互教授法（reciprocal teaching）と呼ばれる読解の指導法を開発しました（Brown, 1992）。この指導法は，当初は，認知心理学的なさまざまな知見に基づいて，実験室での実験研究から始めて，学校内に設けられた特別なグループ学習，そして，通常の理科の授業の一環をなす学習へと発展し，上述の「学びの共同体」という，包括的な教授・学習理念に基づいた学習環境の提案に結びつき，そのさらなるデザイン実験へと進みました（Collins et al., 2004）。学びの共同体における学習は，以下のような原理に基づく先進的な設計でした（Brown, 1992, pp. 149-150）。

- 生徒たちは，反省的学習と批判的探究をする研究者として活動する。
- 教師は，能動的探究の模範を示し，生徒たちの発見過程をガイドする。
- 学習内容は，生徒たちの必要に応じて選定される。それらはいくつかのテーマから組織立てられており，深く一貫性のある理解がめざされる。
- コンピュータ等のテクノロジーは，反省的活動とコミュニケーションのツールとして活用する。
- 評価は，生徒自身が知識を発見したり活用したりする能力に焦点化され，提出物だけでなくパフォーマンスも重視する。

デザイン実験は，概念形成，学習発達，指導法，教育ソフトウェア，カリキュラム，教師教育，学校改革等々，さまざまな研究領域において活用されています（Cobb et al., 2003）。それゆえ，デザイン実験の進め方もさまざまですが，以下の点はいずれにおいても重要と考えられています（Collins et al., 2004, The Design-Based Research Collective, 2003 参考）。

● デザイン実験の基本原理

①特定の教育現場における学習環境の設計と理論的研究が密接に結びついている。

②学習環境の研究開発は，設計，実施，分析，再設計……のサイクルの継続を通して進められる。

③研究成果は，学習環境の設計や実施に関わる人々に役立つ理論の生成をめざす。

④特定の設計が実際の教育現場においてどのように機能するのか，明確に説明する必要がある。そのために，特定の設計がどういう結果をもたらしたのかその過程を文書化できるデータ収集・分析の方法がとられる。

アクション・リサーチ

教授実験やデザイン実験は，研究者による研究活動であり，理論的な発展に貢献することをめざすものです。教育現場で実践に日々携わっている教員も，「授業研究」という形で研究活動を行っていますが，その目的は，研究者とはかなり違っています。授業研究では，一般には，理論的洞察を深めることよりも自分たちが従事している教育実践の改善や変革のほうに関心をもっています。授業研究のように，実践者が自分の直接関わっている実践的問題を改善することをめざして行う研究一般をアクション・リサーチと呼びます。社会におけるさまざまな問題に対してその問題の当事者たちが協力し合って行動を起こして問題を改善する営みとして，教育以外にも広く行われている研究方法です。

アクション・リサーチの進め方は一般的に，現場の状況の見直し（反省）から始めて，改善のための実践計画を立て，実践を遂行し，その評価をし，全体の見直し（反省）をして，新たな実践の計画を立てて，新たな実践をする，というサイクルを繰り返すものです（図 11-2）。

その進め方は，現実場面への積極的介入とその修正を繰り返す教授実験やデザイン実験と基本的に同じであり，質的研究法の応用と考えることができます（Stringer, 2007）。ただし，一般的には，個人の孤立した営みではなく，同じ問題に関心をもっている人々による協同的営みを指します。たとえば，職場の同僚のグループや同じ地域コミュニティの住人同士で遂行されます。

アクション・リサーチは実践者の行うものですが，だからといって，「理論」の生成，修正や発展を考えないわけではありません。まず，実践の改善を計画するにあたっては，既存の理論に修正を加えることがあるでしょう。計画

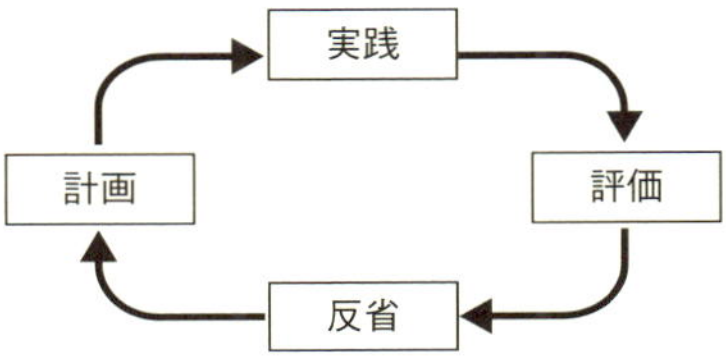

図 11-2　アクション・リサーチのサイクル

を遂行する中で，自分自身が無意識に抱いていた理論を自覚して見直したりするでしょう。評価・反省においては，実践の中で働いていた理論を修正することを検討するでしょう。ここでいう理論とは，学術研究におけるような命題化・体系化されていて明確に意識されるものに限りません。実践者が実践の中で用いる信念，期待，知恵，思い込み，方略等からなるリソースであり，必ずしも命題化されていない，無意識的に利用したりするものを指し，「実践的理論」（practical theories）（Elliott, 1985）とか「実践の理論」（theories in practice, theories of action）（Argyris & Schön, 1974 ），「生きて働く理論」（living theories）（Whitehead & McNiff, 2006）と呼ばれたりするものです。これら理論は内部に矛盾を含んでいたりします。実際，アージリスとショーン（Argyris & Schön, 1974）は，個人や組織の実践の理論を，他者に対して説明するときのタテマエ―「信奉理論」（espoused theories）―と行動の中で働いている理論―「使用理論」（theories-in-use）―に分けて，そのギャップのもたらす弊害を分析しています。

これら実践の理論がアクション・リサーチの中でどのように現れるか，具体的に考えてみましょう。たとえば，ある教師のグループが自分たちの授業をふり返って，授業での話し合い活動が活発でないことに課題を感じたと想定します。そして，それを改善する実践を計画したとします。生徒たちに身近な話題の教材を用意して生徒たちが関心をもつように工夫して授業実践をしたとします。しかし話し合いは活発にならず，授業実践を参観した他の教員の指摘や授業後の生徒たちのインタビュー結果から，「教師の発問（I）」→「生徒の回答（R）」→「教師の評価（E）」という通常の教師と生徒のやりとりのパターン（IRE, Mehan, 1979）にとらわれていて，生徒が間違うことを恐れて自由な意見が出にくくなっていたことがわかったとします。教師たちは，生徒たちに身近な話題の教材を用意すれば話し合いが活発になるという期待（信奉理論）や，IREパターンは変えなくてよいという無意識の思い込み（使用理論）からなる実践的理論は見直す必要があると分析して，その修正とそれに基づく新たな実践を計画することになるでしょう。この営みを続けることによって，しだいにより洗練された実践的理論が生み出されてくることになります。

第Ⅱ部…各論編

12　インタビューの方法

インタビューは，直接観察だけではとらえにくい事柄に関するデータを，当事者との会話を通じて得る方法です。質的研究では，直接観察法だけでは得られないデータが必要になるのが通常です。直接観察は時間と労力をとられるため，それを実際に行える範囲は時間的，空間的，体力的にもかなり限られています。また，過去に起こった出来事などは，観察しようがありません。当事者のプライベートな生活のような研究者がアクセスしにくい場所で起こっている出来事についてもそうです。質的研究では，特に，当事者の感じていることや考えていること，当事者のものの見方・感じ方・考え方を理解することが重要になりますが，それらは当事者の頭の中にあり，直接観察だけからは必ずしも十分な理解が得られないものです。

第Ⅰ部3章で述べましたように，質的研究では，質問する事柄についておおざっぱな計画（インタビューガイド）は立てて面接に臨むのですが，相手の話の流れに応じて質問の項目，順序，形式を柔軟に変えて面接を進めるのが一般的です。インタビューの最中に，研究に関わる重要な話題が相手から出てきたら，インタビュアーは当然，そのことについてより詳しい情報を得ようとして，その話題をめぐる会話をさらにうながします。質問するタイミングはきわめて重要であり，相手の記憶が鮮明なうちに聞かなくてはならない事柄についてはそれは決定的です。その結果，予定していた質問項目を次回にまわしたりします。また，研究に役立たない話が続くときは，別の話題に移るようにします。また，相手の都合が悪くなったりして時間がとれなくなったときには，最も聞きたい質問だけを聞いて早く切り上げたりします。特別な場所やまとまった時間のアポイントメントをとれないときは，授業中の机間指導のときの短い会話，廊下での立ち話，昼食を一緒に食べながらの会話，あるいは電話やＥメールでの会話（「面」接とはいえないですが，その延長上にあるとみなせます）のような形式ばらない機会を利用したりします。

このように，インタビューするに当たっては多くのことを検討して対応しておかなければなりません。

● インタビューに当たって検討しておくべきこと

①インタビュー対象者

②インタビューの場所と機会

③インタビューの形態

・形式ばらないスタイルか，形式ばったスタイルか

・インタビューガイドを作成するか

・なんらかの課題に取り組ませるか

・個人インタビューか，グループ・インタビューか

④どういう質問をするか

⑤どういう順序で質問するか

⑥どれくらい詳しく聞き出すか

⑦どれくらい時間をとるか，何回行うか

⑧実際にどういう言い回しで質問するか

⑨どういう手段で記録するか

以下では，インタビュー対象者の選び方やインタビューの質問や進め方等について論じます。ここでは，インタビューについて優れた議論を展開していることで有名なパットンの書物（Patton, 1990, 特に，pp. 277-368）を参考にして説明します。

インタビュー対象者の選出

インタビューを中心とする質的研究の場合は，インタビュー対象者の選出は

それ自体が「事例の選出」の問題となるので，9章の事例選出の諸方法を利用することになります。調べたい事柄に応じて柔軟に対象者を選出していく必要があります。

教育における質的研究の場合は，一般的にインタビュー対象が比較的はじめから絞られることが多いでしょう。たとえば，ある学校の教育実践を研究するという場合，その実践に中心的に関わっている教員は，人数が多くないので，ほぼ全員インタビューするのが基本でしょう。ただし，全員に同じ質問をするわけでもないし，全員のインタビューデータが同じ重要性をもつわけではありません。たとえば，中心的メンバーにはその実践の理念，目的，全体的なプランを詳しく聞き，他のメンバーには，その具体的な実践プロセスを重点的に聞くとか，その集団における各メンバーの位置づけを考慮しながらインタビューを計画します。

児童・生徒を理解することを目的に含む場合は，当然，児童・生徒にインタビューすることになるでしょう。ある特定のタイプの児童・生徒だけを調べるケース・スタディの場合は，ケース・スタディの対象としてインタビュー対象者も自動的に決まります。ある特定のクラスを対象にする場合は，そのクラスに属する児童・生徒がインタビュー対象となりますが，全員を対象とするかどうかはクラスのサイズ，インタビューの手法，および研究の規模によります。仮にクラスに子どもが30人いるとしましょう。全員を一人ずつインタビューすると，30回かかりますが，もしも一回に2人以上のグループでインタビューするなら，回数はずっと減らして全員を対象にできます。

全員でなくて，一部の子どもに対象を絞って継続的にインタビューする場合には，目的に応じて子どもを選出することになります。たとえば，「教室文化」と呼ばれる教室の中で形づくられている独特の価値観や行動規範を調べる研究の場合は，クラスの中で，その「文化」によく通じていて，その意味を理解する洞察力をもち，他者にそれらを説明することに積極的な子がいれば，文化人類学でいうところの「キー・インフォーマント」（key informants, Bogdan & Biklen, 1992, p. 67）に該当し，的確なインタビュー対象となります。私の行った研究の場合，教室訪問の初期に教室の後ろの空いていた椅子に座って参観していると，ある生徒が教師に向かって質問しているときに，私の隣の生徒がニッコリして「彼は，クラスでいつもあの調子なんだ」と小声で話しかけてきました。その人なつっこさと洞察力ゆえに，その生徒は私のキー・インフォーマントとなり，その後継続的にインタビューすることとなりました。

インタビューの内容

(1) 経験・行動に関する質問

これは，当事者がすることやすでにしたことに関する質問です。研究者がその場にいたなら観察したであろう経験，行為，行動，活動などを描写してもらうものです。

例「この問題をどのように解いたのか，説明してください。」
「今日の授業をどのように進められたか説明してください。」
「もしあなたの後をついて行ってそのクラスを参観したとしたら，あなたがどんなことをしているのを私は見ることになるでしょう？」

(2) 意見・価値に関する質問

これは，当事者の思考や解釈の仕方に関する質問です。彼らがどのような目標，意図，望み，価値を抱いているのかをみるものであり，その人のつくりあげる合理性や意志決定のしくみの理解に役立ちます。

例「……についてどう考えますか？」
「そのとき生徒はどのように考えていたと思われますか？」
「どういうことが起こって欲しいと思いますか？」

(3) 感情に関する質問

これは，当事者が自分の経験や考えについて抱く感情を理解するための質問です。最も単純な「どう感じますか？」という問いは，しばしば「どういう意見をもっていますか？」に受け取られて，上述の (2) の質問になりやすいので，質問の意図を相手に対して明確にしておくことが必要です。

例「そのとき，あなたはどのようなお気持ちでしたか？」

(4) 知識に関する質問

どんな質問もなんらかの「知識」を問うものですが，ここでいうのは，意見や感情とは別に，当事者がどういう事実的知識をどれくらいもっているかを見きわめるための質問です。

㊟「まず，このプログラムの目的を教えてください。」
「その委員会とこの委員会はどういう関係になっているのですか？」

(5) 知覚に関する質問

これは，五感に関わる情報を得るための質問です。「同じ」ものについてであっても，見たり，聞いたり，触れたりすることから得る情報は人によって異なりうるものです。

㊟「あなたがそのパソコンソフトを起動してから一通り使って終わるまで何が見えるのか教えてください。」
「先生は，あなたにこれを実際にはどう言って説明したのですか？」

(6) 背景／人口統計学的特性に関する質問

これは，当事者の特徴に関する事柄を聞く質問です。年齢，学歴，職歴，居住区など，当事者を理解するうえでの背景的知識を得るような質問です。

質問の順序に関するヒント

(1) はじめは現在の事柄に関することを聞く

現在関わっていることは，リアルで詳細なイメージをもっているので，より正確で詳細でスムーズに描写しやすいものです。インタビュアーは，当事者に描写の正確さ，詳細さを適宜うながしながら，その答え方やそのペースをインタビュー全体で維持させるようにします。過去のことは思い出す努力を要します。未来のことも想像したり推測したりする努力を要します。それゆえ，話が滞りがちになり，インタビューのペースが重くなりがちになります。

(2) 経験・行動に関する質問をはじめにし，意見や感情等についての質問はその後にする

太宰治の『駈込み訴え』という作品は冒頭から「申し上げます。申し上げます。旦那さま。あの人は，酷い。酷い。はい。厭な奴です。悪い人です。」と「あの人」への非難の申し立てから始まります。いったんこういう意見や感情的発言をしてしまうと，その発言をした人は「あの人」の否定的側面ばかりにこだわってしまいます。なぜなら自分の言動を首尾一貫したものに見せるために，否定的側面をできるだけ多く並べ立てて，肯定的側面を軽く扱わざるをえない状況に心理的に追い込まれるからです（Rubin & Rubin, 1995, p. 181-182）。このような状況では，「あの人」についての肯定的側面と否定的側面をバランスよく聞き出すことが困難になってしまいます。一般に，インタビューでは意見や感情に関する話を後回しにするのが賢明です。

また，意見や感情というものはかなり主観的であり当事者も研究者も明確に把握しにくいものです。そのため，何についての意見や感情なのか，どういうときにそういう意見や感情が強まるのか，などの文脈的情報を得る必要があります。そのため，意見や感情について質問する前に，その文脈を形づくっている経験や行動に関する質問をその前にしておくことが役立ちます。

さらに，個人的な意見や感情をふり返って言葉に表現して他人に伝えることは，当事者の心理的負担が大きい場合があります。当事者の意見が，過去の失敗体験に基づいている場合，その失敗経験を思い出させるのは当事者に大きなストレスをもたらすかもしれません。「あれはまいった」という程度の表面的な答えで十分なインタビューであればそれで終わってよいのですが，その経験の詳細な理解が研究上重要と考えられるなら，さらなる聞き取りが必要です。このような重い話題についての質問は，当事者との信頼関係が十分に形成されるまで控えておきます。

世界的に有名なある日本の映画監督に，マスコミのレポーターが「監督にとって，映画とは何でしょうか？」というような質問をして，監督の怒りをかったという話があります。当事者が生涯をかけている対象について，当事者自身に「……とは」と一言で言い表すことを求める質問はかなりの心理的負担を強いたことでしょう。もしも質的研究としてのインタビューであるなら，監督の

さまざまな営みについてのデータ収集をしてその分析の結果として，「監督にとって，映画は……であった」，と質的研究者の責任で結論をすべきものなのです。当事者自身ですぐに明快で妥当な結論が出せるなら，単なる報告であり，研究にはならないでしょう。

(3) 知識に関する質問は，「テスト」にならないようにする

知識を問う質問は，テストされているように受け取られて，当事者に恐怖感を抱かせる危険性をもっています。インタビュアーは，「テスト」しているのではないことを明確に伝えることと同時に，当事者とよい信頼関係を築いておくことが大切です。インタビュアーは，基本的には，当事者からその人の生きている世界について教えを受ける「無知な見習い者」としての謙虚な姿勢を保つべきです。たとえば，「この指導法のもとになったのは，○○先生の本にあるのですね。私はその本をあまり知らないのですが，その本で○○先生は，どういう指導をめざしていると書いていたのでしょうか？」のように，経験／行動に関する質問をしている中で，謙虚な言い回しで知識を問う質問をすると，相手も答えやすいでしょう。

(4) 背景・人口統計学的特性に関する質問は，最小限に止める

履歴書を書いたり，国勢調査に回答するときの面倒で退屈な気分は，誰でも経験があることでしょう。同様に，背景／人口統計学的特性に関する質問には，普通，退屈で単純な答えの連続になりがちです。それがインタビュー全体の基調になって，当事者が「インタビューはもううんざりだ」という構えをつくってしまっては，あまり有意味な情報は引き出せません。それゆえ，そういう質問をインタビューのはじめに全部まとめて長々と行うことは好ましくありません。他の質問と関連させながら随時インタビューの中で聞いたり，あるいは，インタビューの最後に聞いたりするとよいでしょう。

質問に使う言い回し

1. オープンエンドな質問

質的研究におけるインタビューでは，当事者自身の見方・考え方および当事者自身の表現の仕方をとらえることを重視します。したがって，インタビュアーの枠組みや表現の仕方を当事者に押しつけるような質問形式は望ましくありません。

たとえば，典型的なアンケート質問「あなたは，数学の勉強についてどう思いますか？（ア）非常に楽しい，（イ）少し楽しい，（ウ）あまり楽しくない，（エ）つまらない」を考えてみましょう。この，「あなたは，数学の勉強についてどう思いますか？」という質問だけみると，回答者にかなりの回答の自由を許しているようにみえるのですが，実際は選択肢があらかじめ用意されていて，回答の枠組みや回答の表現の仕方はほとんど決められてしまっています。このように回答の枠組みや回答の表現の仕方がほとんど決められてしまっている質問は「クローズド」(closed）な質問と呼ばれます。それに対して，回答の枠組みや回答の表現の仕方を当事者自身が自由に決定できるような質問は「オープンエンド」な質問と呼ばれます。その場合，インタビュアーは，当事者に単にトピック（話題）を提案するだけになります。上の例でいえば，「数学の勉強についてどう思いますか？」とだけ質問するなら典型的な「オープンエンド」な質問になります。

質的研究におけるインタビューでは，「オープンエンド」な質問を大切にします。これは，当事者の考え方の枠組みを理解することを重視するためであり，インタビュアーの枠組みを押しつける行為を避けるためです。「オープンエンド」な質問は，一般的には，5W1H を問う形式をとり，「誰が？」「何を？」「どこで？」「いつ？」「なぜ？」「どのように？」に関する当事者の理解を当事者自身の枠組みで述べることになります。

㊎

Who?：「それはどんな人たちが参加してますか？」
What?：「みんなで何を話し合ってましたか？」
　　　　「このやり方について，どう（なんと）思いますか？」

Where?：「どこでそれを聞いたらよいでしょうね？」
When?：「いつごろからそれは始まったのですか？」
Why?：「どうして先生はそれを質問したと，あなたは考えましたか？」
How?：「どのようにしてその答えを見つけたか，教えてください。」

フィールド観察中に，自分の関心を引く出来事に出くわしたとき，質的研究者は近くにいる現場の人に，「いったい，何が起こったんですか？」とオープンエンドな質問を投げかけます。目の前の出来事を自分の勝手な解釈で理解してすませるのでなく，当事者たちにその出来事を説明してもらうことが大切です。それによって，思いがけない意味やテーマが見いだされたりします。たとえば，学校の授業を参観しているときに，先生から出された課題に取り組んでいる子どもたちが困った表情を浮かべて「どういうことかわかんない」というようなことを言っているときがあります。こういうとき，「どうしたの？」と問いかけると，子どもたちの独特の見方が見えてくる反応が返ってきたりします。

2.「はい／いいえ」型質問の危険性

「クローズド」な質問の最も極端なものが，「はい」「いいえ」のいずれかで答えられるような二者択一型の質問です。これは，「ごはん食べた？」「映画おもしろかった？」というように，日常会話にありふれた形式なため，注意しないと「形式ばらない」インタビューで使ってしまいます。日常会話では，「ごはん食べた？」「映画おもしろかった？」と聞いても，「食事」や「映画」を話題に取り上げる程度にしか受け取られないために，「はい」「いいえ」というそっけない返事に必ずしも限定されたりはしません。しかしながら，インタビューでは，「はい／いいえ」型の質問をすると，「クローズド」質問としてそのまま機能する危険性が高くなります。したがって，「はい／いいえ」型の質問を多用することは，避けるべきです。

たとえば，研究者Qが中学生Aに数学の勉強についてインタビューすると仮定します。「はい／いいえ」型質問に終始した場合の展開を見てください。

Q：数学の勉強について聞きたいんだけど，いい？
A：うん。
Q：数学は好きかい？
A：だいたい好き。計算が面倒なのはいやだけど。
Q：方程式の問題は好き？
A：うーん，文章題以外は。
Q：文章題は難しい？
A：うん。難しい。
Q：じゃあ，計算問題ならいいんだ？
A：計算だけならいい。
Q：ふーん，そうなんだ。文章題はなんで難しいのかな？ 式をどう立てたらいいかわかんないからかな？
A：うん。
Q：文章題で式を立てるとき，まずどうしてる？ 問題よく読んでる？
A：読むのがめんどくさい。
Q：じゃあ，よく読まないで式立ててるんだ？
A：だって，めんどうだし……。
……

このようなやりとりは，大人と子どもの日常会話では十分ありふれたものでしょう。しかしながら，インタビューとしては，失敗です。研究者の質問のほうが，圧倒的に発話量が多く，中学生のほうは短い答えのみです。そして，中学生はかなり受け身になっていて自分の考えや意見を十分に展開できない状態に置かれてしまいます。大部分が研究者の立てた予想の単なる確認になってしまっており，わざわざ中学生に質問した意味が希薄になっています。

3. 前提つき質問

A：「へー，B，料理なんかするんだ？ 何が一番得意？」

B：「うーん。カレーとか……」

A：「どこのカレー？　いろんなのあるじゃん。○○カレー［註：商品名］とか……」

B：「わたし，スパイスからつくるんだ。」

A：「ホント？　すごーい，本格的！」

日常会話では，お互いの間に多くの事柄が「自然なこと」として前提されてやりとりがなされています。たとえば，上の会話例では，Aは，はじめに「料理のレパートリーの中に一番得意なものがある」と前提して質問しています。そして，Bがカレーと答えると，今度は，「カレーをつくるためには市販のルーを使う」ということを前提してBに質問しています。これらの前提は，必ずしもBには当てはまらなかったのですが，世間一般の常識から考えて，それほど不自然な前提ではないでしょう。

もう一つ例を考えてみましょう。数学教育とは特に関係のない人が数学の先生と話をすると，数学の先生に「私は数学は苦手なんですが，数学はどういうところがおもしろいんですか？」といきなり聞いたりします。この質問は，

- 「数学の教師は数学をおもしろいと思っている」
- 「教師は自分の担当の科目をおもしろいと思っている」
- 「数学には何かおもしろいことがある」

などを前提しています。これらの質問は「前提（presupposition）つき質問」です。これら前提がどれくらい当たっているかは別として，世間一般では，これはきわめて理にかなった（reasonable）前提です。

これを，たとえば「先生は数学をおもしろいと思っていますか」と聞いたりして，いちいち前提が当てはまるかどうかを確認してから上記の質問をしたらどうでしょうか。質問が細かくて相手は，尋問されているように感じたり，「なんでそんな当たり前のことをわざわざ聞くんだ」とうんざりしたり，または，「数学が嫌いな不適格な数学教師」であると疑われているのではないかと不安になったりする危険性があります。前提つき質問は，このような危険を迂回して，「数

学のおもしろさ」という話題にすぐに入れるよさがあります。もちろん，もしも質問された先生が「実は，わたしは数学があまり好きじゃないんです。専門は社会科で，数学の免許は副免許なんです。数学の教員の数が足りないので臨時に引き受けているだけなんです」というように，前提が当てはまらないことを表明する場合もあるでしょう。この場合は，反応が意外であるために，それ自体興味深い情報を提供することになるでしょう。

インタビューでも前提つき質問を利用するとよい場合があります。たとえば，以下のような質問は役立つでしょう。

- 「数学の授業は，他の科目の授業と比べてどんな違いがありますか？」
  - ↑　違いがあることを前提にしている。
- 「文章題を解くときに最も気をつけていることはなんですか？」
  - ↑　特に気をつけていることがあると前提している。
- 「パソコンを使った授業は，どんなところが楽しいですか？」
  - ↑　パソコンを使った授業に楽しい面があると前提している。

ただし，インタビュアーのほうからあらかじめ前提してかかるやり方は，やはり反応の枠組みを決めてしまっており，押しつけがましくなったり，前提に関する知識をテストされているように受け取られたりする場合もあるので，使いすぎないように注意しましょう。

なお，「偽りの前提」を利用する質問は，刑事ドラマでは犯人を落とすための質問に使われることでも有名ですが，インタビューでは使ってはいけません。

▶▶▶

刑事：先週，Ａさんの盛大な祝賀パーティがあって，同僚の方や部下の方もたくさん来られたそうですね。あなたももちろん行かれたんでしょう。パーティはどうでした？

Ａの部下のふりをしている犯人：……そうらしいですね。残念ながら，急な仕事が入って，私は出席できなかったんですよ。

刑事：ほう。実は，パーティなんてなかったんですよ。

4. 一回の質問に一つのことを聞く

インタビューで何を質問してよいかはっきりしていないとき，しばしば，一度にいくつかの質問を投げかけてしまうことがあります。たとえば，次の質問を考えてみてください。

例

「わたしはグループで問題を解くことについて興味もっているんですけれど，班活動について先生のご意見をうかがいたいと思います。先生は，授業でよく班活動を利用されますか？ えーと，いろいろ長所や短所を感じておられると思うんですが，そういう点についてもお考えをお聞かせいただければと思います。」

この質問には，少なくとも「班活動についての意見」「授業で班活動を利用する頻度」「班活動の長所」「班活動の短所」の４つの点を尋ねています。こういう質問は，質問される側にかなりの負担を強いるものです。まず，答える間に質問を覚えている努力をしなくてはなりません。次に，どれをどういう順番で答えたらよいのか考えなくてはなりません。質問が多ければ，一度に答える量も多くなり，精神的にも疲れます。こういうときは，回答者は混乱しやすく，回答の仕方も次から次へと項目を変えるために急ぎ足になり，中途半端な答えで終わる危険性があります。また，インタビュアーも，相手の話の最中に，いまどの質問に答えているんだろうか，と考えなくてはならず，より緊張を強いられます。さらに，長い回答をフォローするのは難しく，話の大事なポイントをとらえて追究する機会を逃すかもしれません。

インタビューでは，原則として，一回の質問には一つのことを尋ねることです。そのために，質問の言い回しをあらかじめ注意深く検討しておくことが大切です。

5. 明確な質問をする

インタビューで使う質問は，当事者が何を聞かれているのか明確に理解できるものでなくてはなりません。インタビュアーと当事者の間に円滑なコミュニケーションを築くことは，よいインタビューの基本です。当事者が「いったい何を聞きたいんだろう？」と不信感を抱くような質問はすべきではありません。研究者は，通常は研究仲間の専門用語に慣れ親しんでいますが，研究者の専門用語などを使って質問したら，相手は「こんなことも知らないのか」と見下されているように感じて不愉快に思うかもしれません。当事者たちの使用している言葉やものの見方・考え方を尊重する仕方で質問するのが原則です。

当事者たちには，当事者たちの生活の中で利用する特有の言葉使いがあるものです。当事者に明確に理解できる質問をするには，当事者たちの日常使用している言葉をあらかじめ調べておき，それを利用することが役立ちます。また，インタビューの最中に，相手からどういう言葉遣いをするかを聞き出して，その言葉遣いをその後の質問に利用していくということも大切です。

6.「なぜ？」「どうして？」という質問の問題点

科学的探究では，原因や理由を求めることは重要な課題であり，「なぜ？」「どうして？」と問うことは大切なことです。しかしながら，パットン（Patton, 1990, pp. 313-316）が指摘するように，インタビューの際には，不用意にこの問いを発すると，いろいろなレベルの反応が返ってきて分析が困難になることがあります。たとえば，ワークシートに描かれているいろいろな図形を仲間分けするという課題で，生徒がひし形を平行四辺形の仲間だと言ったとします。インタビュアーが「さて，どうしてひし形は平行四辺形の仲間だと思うのかな？」と質問したとしましょう。すると次のような反応が考えられます。

S1：授業でこの前やったから。

S2：ひし形を倒して横に伸ばすと平行四辺形になるから。

S3：ひし形は向かい合う辺がそれぞれ平行そうだから。

S4：ひし形はすべての辺が等しい四角形なので，2組の向かい合う辺がそれぞれ等しいので，平行四辺形になる。

S5：ひし形は平行四辺形じゃないの？

S1は，ひし形は平行四辺形だと思った「動機」や「原因」を述べていると解釈できるし，あるいは「権威づけ」を行っているとも解釈できます。S2, S3

は，そのように判断した根拠を述べていると解釈できます。S4は，数学的な証明を述べて正当性を主張しています。S5は，「どうして？」とわざわざ問われたので，ひし形が平行四辺形の仲間だという考えをインタビュアーが疑っていると思って反論していると解釈できます（数学教育での臨床インタビューにおけるWhy型質問のあいまい性については，ギンスバーグら（Ginsburg et al., 1983, pp. 31-33）でも論じられています）。

このような混乱が起こる危険性のあるときは，相手の行った行動の動機や原因が知りたいのか，判断の根拠を求めているのか，正当化をうながしているのか，相手の判断の強さを揺さぶってみたいのか，インタビュアーは目的を明確にして，「なぜ？」「どうして？」という言い回しを他の言い回しに代えて，相手に誤解のないように質問を工夫すべきでしょう。

たとえば，次のように上述の質問を言い換えてみるのも明確化に役立つかもしれません。

㊞例

- 行動の動機や原因を尋ねる場合
  「ひし形は平行四辺形の仲間だということですね，なるほど。いつ思いつきましたか？」
- 判断の根拠を問う場合
  「ひし形は平行四辺形の仲間だということ，どうやって思いついたんですか？」
- 正当化をうながす場合
  「ひし形は平行四辺形の仲間だということですね。そのわけを教えてください。」

信頼関係の形成と中立性の維持

インタビューは，研究者と当事者の間のコミュニケーションです。よいインタビューは，当事者との間に信頼関係を築くことによって可能になります。当事者が考えていることを自由に話せるようにすることが最も大切です。インタビュアーは，当事者の言うどんなことでも尊重するようにします。

同時に，インタビュアーは，当事者の発言に対して中立的立場を維持しなくてはなりません。当事者の発言の内容の善し悪しを判定したり，賞賛したり批判したり，喜んだり残念がったりする様子を当事者に対して大げさに示すことは慎み，ひたすら当事者の考えていることや感じていることの理解に集中します。

もちろん，当事者に共感を示すことは，良好な関係を築くために大切です。当事者がうれしそうに語っているときは，「それはよかったですね」と，疲れた様子であれば，「お疲れのご様子ですね」とコメントしたりすることは大事です。さらに，当事者が話したこととよく似た経験を思い出して，「あー，同じだ。私もこの前，それを使ってみたんですが，やっぱりうまくいかなかったんですよ」というように話すことは，共感を深めるのに役立ちます。これは日常会話では私たちが無意識に行っていることです。ただし，インタビュアー側の個人的な話は手短にとどめることが肝要です。当事者の話をインタビューの中心にすることを忘れないことです。

反対に，当事者が話す主張がインタビュアーの個人的意見と合わない場合は，インタビュアーの度量の広さが試されます。当事者の主張に「同意」する必要はありませんが，尊重する姿勢は保ちます。「なるほど。大変興味深いです。おっしゃることはわかります」というような，相手の考えに関心と理解を示す程度の反応に留めます。

なお，フィールドにおいて複数の当事者をインタビューするとき，それぞれの当事者のプライバシーをフィールド内でも守ることに最大限の注意を払ってください。たとえば，ある生徒Aを個別にインタビューした後で，その生徒の担任の教師をインタビューしているときに，「Aくんは，この前のインタビューで○○○と言っていました」というような情報を漏らしたりすると，それは生徒Aと研究者の間の信頼関係を損なう危険があります。「あなたの話す内容は，あなたが同定される形で公表されることはありません」という約束のもとでインタビューに参加してもらっているので，たとえ，担任の教師であっても漏らすわけにはいきません。一般的な言い回しで，「たとえば，こういう場合，○○○のような見方もあると思います。それについては，どう考えますか？」というように，個人が同定されない形で聞く工夫が必要です。当事者たちの間ですでに何度も話し合っているような周知の事実なら漏らした内容はプライバシーには該当しないかもしれませんが,「この前のインタビューで言っていた」というような言い方をしていると,後々「インタビューの内容が先生に全部筒抜けになっている」と疑われて,不信を招く危険性があります。

より深い理解のためのインタビュー技術

1. 質問の際に回答を例示して説明する方法

質問紙によるアンケートを実施したりするとき,単にマルをつけるだけの回答はしてくれても,自由記述で答える欄になると空白のままとか,「別にない」という反応が多くてがっかりする場合があります。同様に,インタビューでオープンエンドの質問を投げかけて当事者に自由に話してもらおうとしても,なかなか回答が出てこないときがあります。こういうときは,回答の仕方の例を,いくつかあげて,回答を刺激することが役立つことがあります。

例1

Q:これまで○○先生の数学の授業を受けてきたわけだけど,こういう点は変えたらどうかと思うことを自由に話してください。

A:まあ,別にないけど。

Q:何でもかまいませんから。もっとゆっくり進んで欲しいとか,もっと速く進んで欲しいとか,もっとわかりやすく説明して欲しいとか,説明はそのままでいいから,もっと練習問題を多く出して欲しいとか,どんなことでもいいから自由に言ってみてください。

例2

Q:数学で証明をすると,どういういいことがあると思いますか?

A:どういういいことがあるかですか? うーん……難しい質問ですね。

Q:たとえば,方程式の場合だと,方程式を使うと,答えが見つけられるというよいことがありますよね。証明の場合,証明するとどういういいことがあるのかな?

このとき,回答例の選び方やあげ方に注意を払ってください。回答例は,質問の意図やコンテクストをより具体的に示したり，回答のレベルや範囲の広さを具体的に伝えたりするために使います。あまりに一方向にだけ偏ったものばかりあげてしまうと，インタビュアーの好みの回答を引き出させてしまう，いわゆる「誘導的」質問になってしまいます。たとえば，上の例1では，「ゆっくり」と「速く」，「説明」と「練習問題」というように，バランスをとって回答例をあげています。もしも，「ゆっくり」と「説明」のほうだけあげていると，「○○先生の授業はペースが速すぎて説明もわからない」という見方を植えつけて，その方向の回答を答えさせようとしているように受け取れます。これは，誘導的になる危険性があります。

2. 具体的な場面設定の利用

人は日常では大部分，目の前の具体的，現実的な問題に焦点をあてて考えたり話をしています。今日の天気，午前中にする仕事，家族の話し相手，昼御飯の準備，友だちとの約束等々。抽象的，一般的な言葉で考えたり話したりするのはなかなかとっつきにくいものです。それゆえ，質問をする前に，具体的な場面設定を与えておくと，相手が答えやすい場合があります。具体的な場面設定を与える方法としては，代表的なものとして以下の4つがあるでしょう。

(1) フィールドの様子を記録したものを利用する方法

授業の研究などでは，授業のビデオ記録やオーディオ記録の一部を再生しながら，あるいは授業のプロトコルを示しながら，授業のときに考えていたことについて質問する方法がよく使われます。これは，授業の中の特定の場面に関わる質問をするのに役立つのはもちろんのこと，当事者が自分自身を外側からみる機会になり，冷静に自分の行動をふり返る機会にもなります。

ただし，機器による再生は時間をとるものです。インタビューに関係するところだけ手際よく抜き出しておく工夫が必要です。たとえば，ビデオデータの開始から何分の時点のところかをあらかじめ特定しておいて，その他の部分は早送りしたり飛ばしたりします。

また，それらの記録には，インタビューされる本人以外の人たちの様子も記録されていることが多いです。それらをインタビュー対象者に見せても差し支えないか気をつけてください。以前，中学校の授業のビデオ撮りをしていたとき，教室の後方にいる生徒の一人が机の中から，先生に見えないように教科書ガイドを引っ張り出して答えをチェックしているのが見えました。こういう場面を先生や他の生徒に見せることは，当該の生徒のプライバシーの尊重の点から不適切になります。

（2）フィールドで従事する課題と同様の課題を利用する方法

教科の学習に関わる研究では，学習で使われる問題を児童・生徒に実際に取り組んでもらいながら，その途中やその直後にインタビュアーが質問する方法がよくとられます（たとえば，Teppo, 1998, pp. 40-61）。実際の授業中に児童・生徒が課題に取り組んでいるときに質問する場合もあるし，授業外に別室で課題に取り組んでもらって質問する場合もあります。

このやり方は，観察とインタビューを同時に行うものです。発話だけでなく，課題に取り組む際に示すさまざまな活動の観察記録もつける必要があります。そして，どういう課題を用いたらよいかを十分に検討することが大切です。

インタビュアーが児童・生徒の課題解決の支援を随時行う研究方法もあります。そのタイプの典型的な研究は「教授実験」（11 章参照）と呼ばれるものです。これは，児童・生徒の反応の仕方に応じて研究者が課題や教示を随時変えていき，彼らの理解や能力の状態や変容を調べるというものです。この場合は，インタビュアーは課題をどういう順序でどういう時点で提示するか，課題の説明をどう行うか，どういう状況でどういう支援を行うのか，というような点をあらかじめ綿密に検討して計画しておかなければなりません。

（3）ロールプレイ

これは，インタビュアーを誰か他の人物であると想定して回答してもらう方法です。

㊀例

Q：もしも私があなたのクラスの転校生で，数学がすごくできるようになるにはどうしたらよいでしょうか，と聞いたとしましょう。先生は私にどうアドバイスしますか？

また，これを変形したものとしては，想定される人物とインタビュアーとの対応を明示しない聞き方もあります。

例

Q：もしも小学生があなたのところに来て，こう質問したとしましょう：「中学生になると算数じゃなくて数学を勉強すると聞いたんだけど，それはどんなものなんですか？」　さて，あなたはその小学生にどう説明しますか？

言語表現がまだ不十分な幼児や児童に対してインタビューする場合に，ロールプレイは教育においてのみならず幅広く用いられています。また，対人コミュニケーションスキルを調べたりするときにも，よく用いられます。教員採用試験で用いられる「模擬授業」を伴う面接も，ロールプレイによるインタビューの一手法と考えらえるでしょう。

(4) シミュレーション

これは，インタビュアーが関心をもっているある状況を当事者に想像してもらって，そこで起こったり考えたり感じたりすることを話してもらう方法です。インタビューの初期に，慣習的に行われている営みについて典型的な描写を得るのに役立ちます。

例

Q：私が先生の授業の始めに教室の席に着いていたと想像してください。授業開始の時間から15分の間に，どんなことが私の前で展開するか説明してみてください。先生はどういうことをしていますか，生徒たちはどんなことをしていますか。

3. 質問の前に「前置き」する方法

インタビューにおいて新しい話題を導入したり，一つの話題を終えて別の話題に移ったりするときに，前置きをします。これは，当事者側に次に来る話題について注意を喚起し集中させる効果があります。同時に，当事者側に回答を頭の中でまとめるための時間的余裕を提供する機能があります。前置きの仕方にはいくつかの種類があります。

(1) つなぎ

これは，前の話題を終えながら新しい話題を予告するパターンです。

例「これまでは先生のことについてお話をうかがってきたのですが，さて，今度は生徒のことについてうかがいたいと思います。このクラスについては，全体的にどのように思われますか？」

(2) まとめながらのつなぎ

前の話題を終えるときに，前の話題について当事者の回答を手短にまとめることをしておくのもよいでしょう。このまとめのとき，当事者が言及しそこなったことがあるかどうか確認することが大切です。同時に，これによって，インタビュアーが記録しそこなったことがないかどうかも確認できます。

例「これまで，数学の授業でのパソコン利用の仕方についてお聞きしました。それぞれについての細かい点に移る前に，ちょっと確認させてください。1つは○○，2つ目は○○，3つ目は○○。その他の仕方が特にございましたらおっしゃってください。」

(3) 予告

これは，前の話題についての言及を省略して，単刀直入に次の話題が何であるかを予告してから，質問するものです。

例「さて，今度はこの学習を通じての生徒たちの変化についてうかがいたいと思います。(間をおく) このクラスの生徒たちについては，この学習を通じて全体的にどのような変化がみられたと思いますか？」

(4) 注意喚起

これは，質問する前に，その質問内容の重要性，答えにくさ，その他質問の性格などを知らせて，相手の注意を喚起するものです。

例「次の質問は，特に私の研究にとって重要になるんですが，○○についてどのように感じておられますか？」

例「これは，先生のまったく個人的意見でかまいません。○○についてはどう思われてますか？」

4. フォローアップ質問

当事者が述べた回答の後に，それに関連した点をさらに質問することをフォローアップ（follow-up）質問といいます。フォローアップ質問をすることによって，より詳細な，より具体的な，より深いデータを引き出すことが可能になります。他方，相手の回答を聞き流していては，フォローアップ質問はできません。相手の言ったこと，および言っていないことに注意を集中して，その場で分析を行わなければならず，インタビュアーの技量や経験が関わる難しいところでもあります。もちろん，同一の当事者に複数回のインタビューが予定されている場合は，前回のインタビューのフォローアップを次回のインタビューにすることもできます。フォローアップ質問は，相手側の回答の不十分さを指摘するような調子にならずに，あくまでもインタビュアー側の理解不足を認める謙虚な姿勢で行うように注意してください。フォローアップの一つに，プローブ（probe，探りを入れる）と呼ばれるタイプの質問がありますが，パットン（1990）が指摘するように，「犯罪捜査」をしているような響きがあるので，その用語は使いません。フォローアップの技術は，質問紙調査の後に，その回答の理由や背景を理解するためにインタビューを計画するときにも応用できます。

フォローアップ質問のいくつかのタイプをあげておきましょう。

(1) 5W1H を聞くタイプ

特定のトピックを正確に把握したいときは，いつ，どこで，だれが，何を，どのように，という問いかけで詳細に迫ります。ただし，頻繁に使いすぎると警察の事情聴取のようになってしまいますので，研究上必要な情報かどうか判断して使います。また，“Why”型の質問は前述のように注意が必要なので，ここでは除いています。

㊷　5W1H の問いかけ例

【When】　（時期）「それはいつごろからですか？」
　　　　　（機会）「どんなきっかけで始められたのですか？」
【Who】　（関係者）「誰がそれに関わっていたのですか？」
　　　　　（情報源）「誰からそれを教えてもらったのですか？」

【Where】（場所）「どこで起こったのですか？」
（情報源）「その話はどこで知ったのですか？」
【What】（行為）「あなたはそこでどうされたのですか？」
（思考・感情）「そのとき，どんなことを感じましたか？」
（状況）「その結果，何が変わったのですか？」
【How】（過程）「どのようにしてそれは起こったんですか？」
（手段・方略）「そういう場合に，みなさんどのように対応しているのですか？」
（程度・頻度）「それは，どれくらいよく起こることなのですか？」

（2）より詳細な説明をうながすタイプ

特定のテーマについて当事者に比較的自由に語ってもらっている場合は，関心をもった箇所で，詳細な説明をうながします。

例

【継続をうながす】
（軽くうなずきながら）「ふんふん。」「なるほど。」
【焦点化した説明をうながす】
「その点をもう少し詳しく説明していただけませんか？」
【前提を問い直す】
「この問題についていろいろな考えを子どもたちに書かせるとおっしゃったのですが，話し合うだけでなくあえて書かせる，先生の意図を聞かせてください」
【インタビュアー側の理解不足を伝える】
「なんとなくはわかるのですが，もう少し詳しくお話していただけませんか？」

（3）明確化をうながすタイプ

特定のトピックについて当事者が語っているとき，不明確な部分があれば，より明確な説明をうながします。具体的な体験や事例をあげてもらうと，当事者の主張の「裏づけ」にも使えます。ただし，当事者の発言を疑っているような言い回しは避けます。

例

【わからないという表情・相手の言葉の繰り返し】

「？」「『くもわ』［割合の公式］，とは？」

【相手の独特の言葉の使い方を問い直す】

「先生，『証明のコツ』とおっしゃったのですが，『証明のコツ』というのが，いまひとつわからないのですが……（間をおく）」

【正しく理解することの重要性を伝える】

「今おっしゃったことはたいへん大事なことかと思います。もう一度この点を繰り返してお願いできますか？」

【具体的な事例や計画を述べてもらう】

「すみません。なんとなくはわかるのですが，その点をもう少し具体的にお話しいただけますか？ たとえば，実際にこんなことがあったとか」

「先ほど，子どもたちがこの様式の出題に慣れていなかったことが点数が低かった原因だとおっしゃいました。もし日頃の授業の中で子どもたちをこの出題形式に慣れさせるとしたら，具体的にはどのようにしますか？」

(4) 比較をうながすタイプ

特定のテーマについて，より多面的，より深く理解するために，当事者自身に経験をふり返って語ることをうながします。

例

【以前の経験との比較】

「今話してくれた中学での数学のことを，小学校のころの算数と比べるとどうかな？ どういう違いを感じるかな？」

【他の概念や選択肢との比較】

「先ほど『適用題』について触れられたのですが，適用題と活用問題とはどのような違いがあるのかお聞かせください。」

「今日はTTで2コースに分けて2つの教室で授業されたんですが，コース分けしないときの授業と比べてどうですか？」

【以前の自分との比較】

「大変時間と労力のかかる授業実践をやられたのですが，この実践を通して，先生自身が以前と変わったと感じる点がありましたら，おっしゃってください。」

インタビューのコントロール

インタビュアーは，インタビューの最中はつねに，相手の回答の内容や回答の仕方を吟味していなくてはなりません。インタビューは，研究のデータ収集の一環としてつねに明確な目的をもって実施されます。インタビュアーは，当事者に対して，インタビューの最初にその目的と内容についてきちんと説明をして，誤解を招かないようにしておくことが重要です。しかし，いくら注意深く質問を準備してきても，当事者がインタビュアーの質問に対して不適当な回答をすることは頻繁に起こります。そのまま自由に話してもらっていては，研究に役立たないデータばかりになってしまいます。結果，「さんざん話したのにむだだったのか」と，相手に不愉快な思いをさせることにもなりかねません。インタビュアーも当事者も貴重な時間を使っているので，お互いにとってもったいないことです。それゆえ，インタビュアーは，インタビューがうまくいっているかどうか，つねに吟味して，必要があれば軌道修正を行わなくてはなりません。

1. インタビュアーの質問に相手が的確に答えているとき

インタビュアーは，相手が質問に的確に答えていることを，随時，相手にフィードバックすることが大切です。さりげなくそれをする方法としては，たとえば，軽くうなずいたり，「なるほど」「ふんふん」と相づちを打ったり，メモを取る仕草をしたりするのです。もちろん，言葉で明確にフィードバックすることも大切です。

㊟「こんなにはっきりと説明していただいて，本当に助かります。」
「貴重なお話が聞けて，いろんなことがわかってきたように思います。助かります。」

2. インタビュアーの質問に相手が的確に答えていないとき

相手に失礼にならないようにうまく，相手が一息ついたタイミングなどを利用して，すばやくインタビューの流れを変えなくてはなりません。いくつかのやり方があります。

(1) 話題を変える質問を利用する方法

これは，前述の「前置きする方法」を利用して，話題をもう一度インタビュアーの聞きたいことへ移行させるものです。

(2) ジェスチャの利用

うなずくのを止める，相づちを打たないで沈黙する，メモを取るのをやめて前のページをめくるとか，さりげなく「今おっしゃっていることは私の聞きたいことからはずれていて私は困っている」という暗黙のメッセージを送る方法です。

(3) フォローアップ質問を利用する方法

フォローアップ質問は，相手に対して「あなたの話を私は真剣に聞いています」というメッセージにもなります。それゆえ，これを利用すると，話を遮ってもそれほど相手に不愉快な思いをさせないですみます。

例「ちょっと待ってください。その点はまたあとでお聞きするとして，まず先ほどの点をもう少しはっきり理解したいと思います。」

聞きにくい事柄のインタビュー

研究課題によっては，当事者にとって話しにくいことを質問しなければならない場合があります。たとえば，「学級崩壊」や「いじめ」のように当事者にとって心理的ストレスを生み出しているような事象を調べるとき，当事者は口が重いことが予想されます。そのような社会的事件でなくても，不意にデリケートな話題が出てきてしまうことがあります。たとえば，学習の評価方法について調べているときに，児童・生徒のデリケートな個人情報に関わる話題が出てきてしまったりすることもあります。

第一に，研究上必要でない場合は，そのようなデリケートな話題については避けるか，あるいは詳しく質問しないことです。相手が話したくない話題についてふれると相手が困惑したり，不機嫌になったりして，最悪の場合，インタビューがすぐ打ち切られて研究が終わってしまいます。私が学校現場で数学の先生に教員を志望した動機をお尋ねしているとき，「知り合いの先生方はよく，高校時代に数学が特に好きだったとか，よい先生に出会ったとかの体験を話されるのですが，まことにお恥ずかしいのですが，そういうのは特にないんですよ。受験で志望校を選ぶとき，教育学部が楽しそうに見えたので……」と打ち明けて下さいました。「お恥ずかしい」という前置きから，本人はあまり話したくない話題であることが察知できます。このとき，この内容は特に研究上重要に思われなかったので，さらなる質問はせず，「高校生の段階ではそういうものじゃないですか」と同調し，教育学部に進学した後の経験に質問を移しました。

研究上必要な場合は，質問の仕方を工夫します。デリケートな話題を単刀直入に聞くのではなくて，無難な話題を聞いているような質問でその話題に間接的に触れるようにして，相手がその話題について自ら答えるのを待つ方法があります（Rubin & Rubin, 1995, pp. 219-220）。たとえば，学校の授業の進め方について生徒にインタビューしているとき，授業に対する生徒の不満を調べたいとします。「授業で嫌いなところは？」というような言い回しで質問すると，授業や先生への悪口を言ったり陰口をたたく不道徳な行為をうながしているように受け取られて，インタビュアーに不信感をいだき，「別にない」という表面的な回答で終わる危険があります。一方，同じ話題でも，「この授業で，こういうところを改善してくれたらもっとよくなるのになあと思うところがありましたら，おっしゃってください」というように，ポジティブな表現に直して聞くと，「授業はもちろん今のままでも十分よいのだけれど，もっとよくするために協力してほしい」というインタビュアーの建設的意図が明確に伝わって，積極的な回答をうながすことが可能になります。

インタビューの事例研究

インタビューは，実際に他人に対してインタビューを実施して，そのデータを分析し，やり方を見直す，という経験を積み重ねていって上達するものです。これまで論じた点を頭でわかってはいても，実際にそれをデータ収集現場で的確に生かすことは必ずしも容易ではありません。教育研究でもインタビュアーを事前にトレーニングしておく必要がある場合があります。また，自分自身のインタビュー経験だけでなく，他の人のインタビューの様子を見て，そのうまい点やうまくいかなかった点を検討するのも自分のやり方をふり返るのに役立ちます。ここでは，実際に行われたインタビューからその一部を取り出し，インタビューのやり方について具体的に考察してみましょう。以下には，授業の国際比較研究 Learners' Perspective Study（日本側代表：清水美憲）の日本側データの一部を使わせていただきました。

1．あまりうまくいっていない事例

以下のインタビューは，中学生（S）を相手に，その日に行われた数学の授業について聞いています。20分ほどのインタビューの最後の部分です。インタビュー全体については決して失敗というわけではないのですが，この最後の部分は，あまり成功していません。察するに，生徒からの反応の少なさに困ってしまったか，あるいは，時間切れがせまってあせってしまったのかもしれません。インタビューとして，どういう問題点があるか，話し合ってください。

▶▶▶

INT（インタビュアー）：じゃあね，今日の1時間，50分の授業の中でSさんは何を勉強しましたか？ 何勉強しましたか？ この50分の中でなんかSさん変わりましたか？ 変わった？ なんか勉強した？ してない？

S：した。

INT：した。何をしましたか？ なんもしてない？ 特にこの授業50分の中で，なんも勉強してなかったのかなぁ。

S： したけど。

INT：したけど。したけど，したけどなんだろう。したけど，特に目新しい

ことはしてない？

S：あんまり覚えてない。

INT：あんまり覚えてない。きょうはね。特に覚えることも覚えてないし，わかりました。

S：［笑］

INT：そういう授業もあるかもしれないですね。はい，じゃあ今日の授業は，えーSさんにとってはいい授業でしたか？ 別によくないかな？ って思ったかどっちか。どうでしょう。今日の授業は，いい授業でしたかねぇ。いい授業でしたか？ どのへんがいい授業だった？ イヤーいい授業だった，今日よかったなぁと太鼓判押す？ Sさんは。どのへんがいいと思ったでしょうか？

S：あんま，頭を使わなかった。

INT：あんま頭を使わなかったの今日は。いい授業のときは，Sさん頭使わない？ わかりました。じゃあ今日，そうするとうん，一つの質問をしたいと思います。今日の授業で限らずでいいです。数学の授業，いつもの数学の授業のときにえー勉強した方がいいなぁと思う大切な事柄，ってなんでしょう。数学の授業で勉強する，これ大切な事何でしょう。英語じゃなくて，国語じゃなくて，理科じゃなくて数学の授業の中では，大切な勉強するべきだと思うような大切な事柄って何でしょう。Sさんにとって。数学の授業の中でなんか大切な事，これ勉強してよかったって思えるような大切な事って何でしょう。ないですか？ 数学の授業は，後ろでぼーっと聞いてればいい？ うん。なんか大切な事柄ってないかなぁ？ 数学の授業で，特に数学に限って言うと。学ぶ，これ勉強するべきだーって言うような大切な事はない？

S：計算。

INT：計算。まぁ計算は大切だ。ほかにない？ なければなしでもいいんだけど。計算。計算，今日は少しはしたけどね。ほかに数学の授業では，なんか勉強して，これ大切だなぁって思うことはない？ 計算？ 理科も計算するよ。国語は計算しないけど。英語は計算しないか。数学は計算すればいい？ と思う？ なんかほかに大切な事ないかなぁ？ 計算は確かに数学の中でよく使うし，大切な事です。間違ってしまうと困ります。ほかになんか大切な事はないでしょうかねぇ？

S：図形。

INT：図形。図形が大切ってすっごいこう大きい言いかたしたねぇ。図形は大切？ 図形の勉強は大切。なぜ？ どのへんが？ どのへんが図形の勉強大切でしょうかねぇ？ 図をきれいにかくこと？ じゃないと思うんですが何でしょう。何で図形も勉強大切なの？ 何か大切だと思った？ わかりました。

S：［笑］

INT：じゃあ，最後の質問です。えー今日の授業は，いつもの図形の授業と同じでしたか？ 違いましたか？ 同じだったらどのへんが同じか。違う場合はこのへんが違うなぁと簡単な説明でいいです。同じでしょうか？ 違ったでしょうか？ いつもと。

S： 同じ。

INT：同じでした？ どの辺が同じって言い方できますか？ うーんなんとなく同じ？ 違いは全然なかった？ いつもと？ 普通に図形の授業だったと思う？ どのへんがおんなじなんだろうねぇ？ 同じように思った？ うん，計算もして，図もかいて証明もちょっとして，特に変わったことはなかったと思った？ はい，わかりました。いいです。わかりました。じゃあいいです。じゃあ今日は，これでインタビューを終わります。

2. 比較的うまくいっている事例

以下のインタビューは，中学校数学科の教師（T）に，前日に行われた数学の連立方程式の授業について聞いています。30分ほどのインタビューの最初の部分です。どんなインタビューの方法が使われているか話し合ってみてください。

INT：まず，その授業のねらいについて

T：そこは，あのー一応あのー一つは方程式というもの自体が，非常にそのー非常に難しい（概念ですよね。）その一単純に解ければいいという発想だけじゃなくて，やっぱり，あのー少し考えなければいけない要素があるっていうことは，伝えていこうという意識があったんですね。で，実際彼らは，すこし最初の授業，まぁこの授業のビデオ［註：比較研究で行ったビデオ撮りを指す］撮る前の段階で，ちょっと様子を見てたならば，まぁ単純な方程式の1年生のときの方程式の，あのーまぁ式は括弧なんかがついたりしていて，

INT：ええ

T：複雑なんですけれども，そのへんの問題をちょっと解かせてみると，だいぶんできるんですよ。その中でちょっと聞いて見ますと，塾で連立方程式なんかもずいぶん勉強している。

INT：ああ

T：っていうこともあるので，それならば，あのー少し頭の中を形式に解ければいいという認識が強いので，それをかき回そうという

INT：ああそうですか。

T：いうことがかなり意図的に，やってたわけですね。

INT：ああ

T：で，そういう意味で，あの形でとるとだいたいあのー（授業全部含めて）前の時間ですね。えーおちいったような状況がでてくるので，こういうのはどうなんだろうっていう考えるきっかけをつくろうということがねらいだったんですね。で，まぁあそこあんまりクローズアップしすぎますと，中学校2年生のなりたての子たちなんで，

INT：ええ

T：まだ，非常に厳しいところが，少なくとも連立方程式の意義までは，とらえさせようかなと。

INT：意義？

T：意義。意義です。ああ意義でなくて意味ですね。

INT：意味。

T：意味ですね。方程式の解の意味ですね。

INT：ええ。

T：そこを彼らにつかませるということを目標にしたと。でまぁ，あのー単純に恒等式の形になって０イコール０とかいう，というところでは，等式に使われてある方程式は実際１つなんで。２個使ってないじゃないかというところに話を落とし込もうとしたわけです。

INT：そうしましたら，えーとまぁそれとも関連するんですけれども，その，その授業の内容が，あのー生徒にとって，生徒から見たときに，それを勉強する，学習することが，あのーなぜ大事なのかという，ことについてお話しいただければと思うんですけれども。

T：あのーそれは，生徒のほうが，大事だか大事でないか理解できたという？

INT：ということもそうですけど，先生から，見ましてこの内容を生徒には，こういう価値があるからとか，こういうことが大事だから，勉強してほしいというような，ねらいとももちろん直結するんですけれど。

T：わかりました。えーと，一番大きいことは，今日の授業でも言ったんですけどね，方程式の解ってなんなのかという，ことを明確にしていきたいという。

INT：ええ。

T：いうことです。で，方程式の解も，もう１回今日の授業で確認しましたけれど，あのー２つの２元１次方程式のどちらも満たす

INT：はい

T：解の組が，与えられた解なんだと，いうところの認識ですね。えーあそこの文章そのまま読めば，日本語としてはそんなに難しいところはないので，簡単に，理解できてると思いますけどね，意味まで，たとえばあのー方程式の，今日やったのは，方程式が成り立つという

INT：ええ

T：とはなんだろうっていう話。で，それから，えー昨日の段階で今それ，方程式の解ってなんなのか，そういうところをもう一度きちっと吟味をして，えーまぁ彼らのレベルでいうとおそらく方程式の，形式的に解く段階までは，非常にレベルが高い段階だと思いますので，

INT：ええ

T：その前に，その意義を，その意味をきちっととらえさせて，えーこの先，

方程式の解法でやっていく自分の計算のプロセスのえー意味ですね。

INT：ええ

T：今，自分が何をやってるのか明確につかませたいということが，一番大きいところだったんです。

INT：はい，わかりました。

インタビューの記録

インタビューによって得られるデータをどのように記録するか。その具体的な手法は，5章の観察記録のつけ方と原則的には同じです。インタビューも人間行動の観察だからです。したがって，インタビューの記録には，以下の項目が含まれます。

● インタビューの日時と場所

インタビューの場所や建物，机や椅子の配置等についての様子を記録します。

● インタビュー対象

研究対象とする人々の年齢，性別，職業，服装，態度等の情報を記録します。

● インタビュアーの行動

フィールドで観察者がどういう格好で，どこにおり，どういう役割を演じていたかを記録します。インタビュアーの発した言葉は記録します。

● インタビュー中の活動や出来事

インタビューの最中に行われた活動や出来事を記録します。教科書や答案などを参照する活動があれば，それを記述しておかないと，後で，会話の中で指していた事柄が何かわからなくなってしまいます。また，インタビューの最中に，外部からの中断があったりすれば，それも記述しておきます。そして，インタビュー中の表情や声の調子も，必要があれば記録しておきます。

● 会話

インタビューの中心的データであり，インタビューの間に交わされる会話を言葉通り記録します。

このような記録を，インタビューを実施している最中にすべて記録することは通常は無理です。相手が，メモを取れる速さで話してくれるわけではありません。さらに，たとえば，フィールドで立ち話をする形で起こったインタビューの機会などでは，ノートにメモする余裕さえないし，たとえメモを持っていても，メモする行為自体がその場の気軽な雰囲気を壊してしまう危険性があり，メモを取ることが望ましくない場合もあります。それゆえ，通常は，インタビューの最中は，せいぜいメモを取るだけにしておきます。メモも取れない場では頭に記憶するだけにして，インタビュー終了直後に，見えないところですばやくメモを取っておきます。そして，フィールドを離れた後に，時間をかけてインタビュー記録を作成します。そのときには，インタビューについて気づいたことを，観察ノートと同じく，「意見・解釈」としてインタビュー記録とは別に記述しておきます。これらの作業は，観察ノートの作成の場合と同様，インタビュー終了後に，できるだけ早く行うことが大切です。

テープレコーダ，IC レコーダ，ビデオカメラ等の機器にインタビューを記録したときには，インタビュー終了後ただちに，機器が正しく記録したか再生してチェックします。ただし，機器に記録されていても，後日の分析作業のために，それらのデータを文書化しておかなければなりません。

さまざまなインタビュー手法の創造

インタビューの手法は研究の目的や現実的状況に合わせて工夫し，独自のものを考案してかまいません。新たな手法を開発するのを恐れる必要はありません。どんな手法にも，データの信頼性や妥当性に関しては，長所と短所があります。大切なことは，それぞれの長所，短所を注意深く検討し，両者のバランスをどのようにとるか（トレードオフ）を研究者がつねに明確にし，自分の理解したい現象についてのデータが得られるかどうかを検討しておくことです。以下に，伝統的手法ではありませんが，インタビューの手法として最近よく利用されるものをあげておきます。

1. フォーカス・グループ・インタビュー（focus group interviews）

これは，特定の話題について少人数のグループを相手にインタビューをするものです（詳しくは，Krueger, 1994; Morgan, 1988）。社会科学におけるデータ収集手法として開発されたもので，たとえば，消費者の商品選択の仕方，映画鑑賞者の評判，選挙民の政治的意見など，さまざまな社会的行動について調べるのに役立ちます。この手法は，人々の意志決定の多くは周りの人々との会話の中で形成されていくという認識に支えられており，グループでインタビューすることによってより実状に即した正確な情報が得られるという見解に立っています。インタビュアーは通常，グループの話し合いの進行役をつとめて，議論をうながしたり，質問を投げかけたりします。グループの構成メンバーは，共通の話題について話し合えるような背景をもっている人々を選びます。

フォーカス・グループ・インタビューの長所としては，まず，数人を一度にインタビューでき，一度に多くのデータを集められるため，効率的であることです。また，話し合いをもつことによって，単純な勘違いや極端な見方を抑えることができ，ある程度代表的で共通性のある意見が得られるよさがあります。

他方，短所としては，グループ全員の話を聞くと時間がかかり，あまり多くの問題を議論できないことがあります。さらに，特定の人ばかりが話さないように，インタビュアーが注意深く進行をコントロールしなくてはなりません。また，人前で話しにくいような情報は得にくくなり，秘密保持もグループ内の他の人に聞かれてしまうため難しくなります。

このような長所と短所を考慮したうえでなら，新しい教育プロジェクトやカリキュラムの評価のために，それらの実施者たちのインタビューに利用することができるでしょう。

たとえば，ランパートら（Lampert, Rittenhouse, & Crumbaugh, 1996）の研究では，小学校５年生でのクラス討論が報告されています（pp. 740-744）。そこでは，フォーカス・グループ・インタビューに近い手法がとられています。彼女らは，実際の小学校のクラスにおいて児童たちの数学的議論を育成する教授実験を展開しており，児童たちが数学的議論（discussions in math）に対してどのような考え方や感じ方をしているかに関心をもっていました。そこで，教授実験を始めて半年ほどたった時点で，彼女らはそのクラスで，「数学での議論」についての話し合いをもちました。授業者であるランパートが注意深く話し合いをコーディネートし，児童たちの以下のような意見を浮き彫りにすることができました。

- 議論で自分の考えの間違いを指摘されると恥ずかしいので，議論はいやだ。
- 他の子も同じ答えを得ているときに，自分だけ先生の指名を受けて答えを発表すると，他の子が「私の答えを横取りした」と言って，いじわるするから，議論はいやだ。
- 小グループでの議論では答えを間違っていた子らが，答えが合っている子をからかってとりつくろうから，いやだ。
- 小グループの議論のほうが，自分が間違っていても，それを指摘する人数が少ないから，いい。

2. ペア・インタビュー

問題解決過程の研究などでは，生徒2人一組を選んで一つの課題に取り組ませてみて，その解決過程における思考を分析したりすることがあります。数学教育研究では，シェーンフェルドの研究が有名です（詳しくは，Schoenfeld, 1985, pp. 281-282）。この手法の長所としては，まず，2人のほうが，たった1人で取り組むときよりも，生徒が感じるプレッシャーが少ないことです。さらに重要な点は，2人で話しながら進めさせると，生徒が頭の中で考えていることがより明確に言語化されて，分析しやすいことです。認知心理学の研究手法に，被験者が頭の中のことを言語化しながら思考を進める「発話思考」(thinking aloud）があります（Ericsson & Simon, 1993)。発話データが得られるため，思考過程がより正確に理解できるものとして重宝なものです。2人一組にすると，この発話思考がより円滑に行われるようです。

他方，短所としては，2人の間のやりとりにより，単独で問題解決に取り組んだときとは違うものになってしまう可能性があることです。また，一人の生徒ばかりがほとんどのことを言ってしまう場合，もう一人についてはほとんど情報が得られなくなったりします。

第Ⅱ部…各論編

13　文化の全体論的理解：文化的意味と文化的テーマ

文化的意味

質的研究では，当事者における「意味」(meanings) はつねに重要な関心事です。「意味」の意味については，哲学や言語学も含めて膨大な議論が存在しますが，質的研究では特に，「意味」は当事者が生活している社会的・文化的世界に依存して形づくられているというとらえ方を基本にします。したがって，文化人類学や社会学における立場で議論されている「意味」のとらえ方を視野に入れる必要があります。

1．意味の意味

文化人類学の伝統において，「意味」は文化をとらえるうえでの包括的な概念をなしています。質的研究者に頻繁に参照される著名な文化人類学者クリフォード・ギアーツは，人間を「自らが紡ぎ出した意味の網の目に支えられた動物」であるととらえ,「文化とはそのような網の目」であるとしています (Geertz, 1973)。ここでは，「意味」はあるひとまとまりの人々の間で共有されている知識をさすといってよいでしょう。事物，行い，出来事，その他あらゆるものについて人々の認識の仕方，感じ方，判断，行動の仕方を枠づけ・方向づけしている知識であり，したがって，その人々の生活する「現実世界」を形づくるものです。

具体的に，たとえば，携帯電話（あるいは，スマートフォン）について考えてみましょう。携帯電話というモノに対して今日さまざまな意味が人々によって与えられています。ビジネスの最先端で生き残りをかけて生活している人々にとっては携帯電話には，パソコンと連携して使う「モバイルグッズ」と呼ばれる仕事の「武器」の一役を担うものとしての意味がつくられているでしょう。生徒たちの問題行動に毎日悩まされている中学校の管理職にとっては，「うちの生徒がまた事件を起こした」ということを知らせる「恐怖のメッセンジャー」としての意味がつくられているでしょう。生活を楽しむことを優先する若者の世界では，仲間意識の確認，コミュニケーションの道具，アクセサリーとしての意味が強く形成されているでしょう。また，「携帯依存症」になっている人にとっては「麻薬」―依存者本人は「生きる楽しみ」と思い込んでいるかもしれませんが―の意味も与えられています。

このように「意味」を議論するときに「意味」を与える先の対象のことを，記号論では一般にシンボル（symbol, 象徴）ないしテクスト（text）といいます。上の例では携帯電話ですが，モノ（あるいは，モノの属するあるカテゴリー）である必要はなく，現象，出来事，行為，言葉など，人間が知覚したり経験できるものならなんでもかまいません。そして，シンボルないしテクストに付与される意味とは，それが，他のシンボルやテクストとどのように関わり合うものとして人々に受け取られているかをさします。「携帯電話」というシンボルは，「携帯可能性」をもつ「電話」と理解しただけでは，今の社会の文化を理解しようとする場合にはあまり役立ちません。それが，今日の社会のビジネス，教育問題，アイデンティティ形成，コミュニケーション，ファッション，公共のマナーなどにおけるさまざまなシンボルとどのように関わっているかをとらえることが必要なのです。当然，何かの「意味」を議論するときには，単一のシンボルだけを取り上げることはできず，関連し合っているシンボルの集まり，すなわちシンボル・システムをつねに取り扱わなくてはなりません。文化的意味をこのようにとらえることによって，いろいろなシンボルのさまざまな関係によって張り巡らされた「網の目」としての文化がみえてくるのです。

2. 意味と社会的相互作用

意味を動的にとらえることも大切です。質的研究の理論的枠組みとしてよく参照されるシンボリック相互作用論（symbolic interactionism）と呼ばれる社会心理学理論では，「意味」が中心的概念となっています。その理論の3つの基本的前提をみてみましょう（ブルーマー , 1991, p. 2）。

①「人間は，ものごとが自分に対してもつ意味にのっとって，そのものごとに対して行為する」
②「このようなものごとの意味は，個人がその仲間と一緒に参加する社会的相互作用から導き出され，発生する」
③「このような意味は，個人が，自分の出会ったものごとに対処する中で，その個人が用いる解釈の過程によってあつかわれたり，修正されたりする」

ここでも，「意味」というものが，人々の思考や行動を左右する「現実世界」をつくり上げているという点でギアーツの述べていたものと共通しています。ただ，ここでは特に「意味」の生成や変容というダイナミックな側面が強調されています。人々の認識の仕方，感じ方，判断の仕方は固定されたものではなく，人々の間の交流を通じて生み出され変容していくという点を明確にしています。もちろん，文化的意味には，人々の間で比較的変容せずに安定した意味が維持されているようにみえるものが大半を占めています。そうでなくては，コミュニケーションが深刻な危機に陥るでしょう。しかし，あるシンボルの意味が安定してみえるのは，実際は，その意味が変容しそうになると戻したりする見えないダイナミズムが人々の間で働いているためと考えることができるでしょう。

「携帯電話」というモノについて社会のいろいろな場でさまざまな意味が形成されていることは上で述べました。モノばかりでなく，出来事や行動でも同じです。たとえば，職場の「忘年会」の意味を考えてみましょう。そういう会は勤務時間外に催され，参加は表向き任意ですが，忘年会開催の連絡が来れば，職場の人々は，しばしば参加することに「義務」という意味を与える場合があります。忘年会には，「その年にあった苦労を忘れる」という伝統的意味がつくられていますが，現実の社会ではそれとは別に，参加者たちの働きかけによってさまざまな意味が生み出されています。宴会で職場の人間関係がよくなる交流が行われるならば，「親睦を深める場」としての意味が生み出されますが，上司が加わることによって「上司の説教につきあわされる場」や「上司にアピールする場」に変わったり，幹事を任された人にとっては，「段取り能力が試される場」になったりと，さまざまな意味が形成されるでしょう。

3. 意味の共有

文化的意味は，その文化に属する集団の人々に「共有」されているものです。たとえば，相撲は日本の典型的な伝統文化であるといわれます。大部分の人はそれをテレビか，まれに直接に観戦するだけでしょう。学校の相撲部で相撲に取り組んだり，プロの力士になって相撲競技に従事した人は限られており，しかも，ほとんど男性に限られています。ショー（Shore, 1996）が指摘しているように，スポーツ文化には，「観客文化」と「プレーヤー文化」があります。相撲文化について，大部分の日本人に共有されているのは「観客文化」であり，限られた人々だけに共有されている「力士文化」があると考えてよいでしょう。相撲を観戦するときには，相撲に関わるさまざまな儀式，相撲という勝負のルール，さまざまな技の種類，力士の階級，部屋制度，等々について知っている必要があります。しかし，日本人全員が相撲について同程度に詳しいということはありえません。相撲にあまり接したことのない子どもは，大人と一緒でないと観戦してもよくわからないでしょう。最近は他のスポーツに押されて，相撲人気も低下してきているので，大人でもあまりよく知らない人が増えているでしょう。文化的意味について「共有」というのは，その存在，真実性，価値が当該の集団の中で当然のものとして受け入れられている，ということであって，必ずしも集団の誰もが等しく知っているわけではありません。自分が知らなければ当該集団の誰か他の人が知らせてくれるものと前提されている種類のものです。また，たとえ知っていても明確に自覚していたり説明できるとは限りません（例：Mehan & Wood, 1975, pp. 99-101）。集団の人々の間でどのように文化的意味が分布しているかは，集団の構造，集団内の交流の仕方や知識の種類などによって異なることでしょう。

4. 意味の種類あるいはレベル

データ分析において扱いやすくするために，文化的意味をいろいろな種類やレベルに分けてとらえることが必要となります。文化人類学や社会学でよく利用されているものをみてみましょう。

(1) 意味の範囲

最も広範囲のものごとに関わる意味の形態としては，世界観，イデオロギー，思想，宗教的教義など人類や人生一般に関わる信念体系（belief system）があります。これに属する代表的なものとしては，数学教育では，ウォーカーダイン（Walkerdine, 1988）の研究があります。彼女は，フーコーのポストモダン思想を背景にして，従来の発達心理学（特に，ピアジェの発達段階論）および数学教育のあり方を問い直しています。彼女は，幼稚園での教師と子どもの間の算数の問題をめぐる言葉のやりとりを，家庭での母親と子どもの間のそれと比較し，学校における数学の問題の脈絡，および発達心理学の実験で使われる数学の課題の脈絡，が家庭における脈絡と大きな違いがあることを指摘しました。この脈絡の違いの分析をもとに，彼女は数学的議論の背後にあるイデオロギーを探りました。ラカンの精神分析理論を援用し，フォーマルな数学的議論には，世界をコントロールする力をもつ存在が前提されており，発達心理学および数学教育の理論は，そのような存在への欲望を子どもの中に生じさせることを理想としていると彼女は論じています。

もう少し限定した範囲のものとしては，たとえば，生徒たちが数学に対していだく見方（専門用語では「信念」（beliefs）と呼びます）があります。シェーンフェルド（Schoenfeld, 1988）は，1年間にわたって，高校の幾何のクラスを観察しました。そこでは，作図の問題になるととたんに教師が証明を要求しなくなり生徒たちが作図問題に対し証明問題とはまったく違った取り組みをするようになったといいます。また，教師が証明の形式面の完全さを強調したがために，生徒たちが証明のアイデアを生み出すことよりも形式を整えることに多くの努力を費やしていました。彼は，生徒たちは以下のような望ましくない信念を形成していると指摘しています。

①フォーマルな数学の手続き（たとえば，「証明」）は発見や発明とほとんどもしくはまったく関係ない。

系（corollary）：生徒は「問題解決モード」にあるときはフォーマルな数学

からの情報を利用しそこなう。

また，宿題やテストでは5分以内で解ける単純な練習問題が大部分であり，それが大量に生徒に課されていたといいます。その結果，

②内容を理解した生徒は出された数学の問題を5分以内に解くことができる

と考えるようになったといいます。授業は，多くの数学的事実を記憶することと細切れの単純なスキルの習熟が中心となり，生徒は数学に対して受け身の態度を形成し，

③天才だけが数学を発見したり，創造したり，本当に理解できるのである

という信念を抱くようになったと指摘しています。

より小さい範囲に関する意味としては，特定の生活空間，たとえば，施設，共同体，地域などに関わる意味が考えられるでしょう。教科教育では，生徒が教室での教科学習に対していだく意味などが典型でしょう。たとえば，ティント（Tinto, 1990）は，高校の幾何の4つのコースを観察し，その生徒たちをインタビューしました。生徒たちは，数学は「先生から学ぶ」ものとして理解しているようでした。彼らは，「先生の言うことを聞く」(listen）ことが数学ができるようになるために最も大事であるといいました。教科書や教室外のリソースは学習の中心になく，これは国語や社会の授業での「聞き方」とは違っていました。そこには，先生から説明された知識を覚え，出された課題をこなしていくことが成功の秘訣であるという姿勢が表れており，わからないときは先生のいうことを「もっとしっかり聞く」ことによって対処しようと考えていました。

さらに限定された範囲での意味としては，特定のモノ，ジェスチャー，言葉，記号，概念の意味などがあり，これは枚挙にいとまがないでしょう。

(2) 意味を表現するものとしての規範

シンボリック相互作用論では，前述のように「人間は，ものごとが自分に対してもつ意味にのっとって，そのものごとに対して行為する」と論じています。人々の個々の状況での行為を理解するときに，その状況で働いている社会的・文化的な規範，モラル，ルールを理解することが重要です。規範，モラル，ルールは，特定の行為のあり方を明確にうながしたり抑制したりするものとして，意味の形態でも重要な種類と考えられています。

たとえば，日本の小学校現場で知られている授業中の独特の挙手システム「ハンドサイン」（例：パーは「同じ」，グーは「違う」，チョキは「つけ足し」等）では，手の形の意味が挙手するときの明示的なルールをもとにつくられています。一斉授業の中で子ども全員の参加をうながすための工夫として興味深いシステムです。なお，ルールは必ずしも明示されている必要はありません。たとえば，エドワーズとマーサー（Edwards & Mercer, 1987）は，学校の授業における教師と生徒たちの間のやりとりに以下のような暗黙のルールがあると指摘しています（p. 45）。

①質問を発するのは教師である。
②教師は［質問の正しい］答えを知っている。
③同じ質問を繰り返したときは，［生徒の］回答が間違っていたことを意味する。

これらは日常生活において質問したり答えたりする場面のルールとはかなり異なります。実際，日常生活では普通，人は自分の知らない情報を得ようとして質問するので，質問は答えを知らないときに行います。また，同じ質問を他の人にするような行為は，質問をはじめに受けた人が「知らない」とか「答えに自信がない」とか表明しない限り，失礼にあたるのでしないでしょう。このように，学校の授業の中に現れるルールや規範を調べることによって，学校外の生活とは異なる文化が学校の授業の中に形成されていることがみえてくるでしょう。

(3) 顕在の程度

前述のように,「意味」の中には，明確な形をとっていて当事者たちに自覚されているものもあれば，暗黙に存在していて個々の当事者にはほとんど自覚されていないものがあります。質的研究において「当事者たちからみた世界をとらえる」というとき，当事者たちにとって日常的すぎて見えないものを見えないままにしておくことではありません。当事者たちにとって何が見えて何が見えないのか，すなわち，何が普通で何が普通でないかをそれぞれ取り出して論じることが必要なのです。それゆえ，当事者には自覚されていなくても，当事者たちの行動の中に潜在的なパターンをとらえてその意味を浮き彫りにするのも質的研究の重要な役目です。

文化的テーマ

前節で，社会的・文化的現象を研究するときに重要となる文化的意味とは，当該の社会的・文化的システムの中で生活している人々の間で共有されている知識であるとしました。そして，それらにはいろいろな種類やレベルのものがあることを説明しました。質的研究においては，これらの意味を理解することが基本となります。しかし，民族誌的研究（エスノグラフィ）の場合のように特に文化の理解をめざす研究の場合は，これらの意味を次々と見いだしてリストを作成するだけでは十分ではありません。このことは，ジャズのある曲がテナーサックス，トランペット，ピアノ，ベース，ドラムスで演奏されているからといって，それぞれの楽器のパートの演奏をバラバラに聞いたのでは本来の演奏全体のもつ意味を味わうことはできないというのと同じ理由からです。全体は構成要素の寄せ集め以上のものだからです。構成要素が互いにどのように関連し合っているのか，および構成要素が全体とどう関わり合っているのかを理解し，全体像がどのように創出されているのかを把握することは,「全体論的理解」(holistic understanding) と呼ばれます。文化研究では，文化について全体論的理解を試みるのです。

文化の全体論的理解のために必要となるのが，他の多くの文化的意味を関連づけている中心的な文化的意味を見いだすことです。文化的意味の中には，さまざまな状況で頻繁に参照され適用されて，生活の中の思考や行為を互いに関連づける種類のものがあります。たとえば，日本の従来の教育では，「なんでもがんばることが大切である」と言い表わされる原則がさまざまな場面でみられることはよく知られています。それは，教師が生徒に対して勉強でも部活動でも「がんばろう」と激励したりする場面などに現れます。「がんばり」が見えないと判断されると「遊んでいる」として攻撃されたり排除される傾向があります。反対に，「がんばったね」というのはほめ言葉と受け取られます。このようにさまざまな状況で頻繁に現れ（recurring），社会的・文化的システムの中での思考，感情，行為を互いに関連づけている知識（意味）を，文化的テーマ（cultural themes）といいます。文化的テーマを取り出すことが文化の理解に重要となるのです。

文化的テーマは，原理，原則，規則，モットー，方針，主義，思想，価値観などの形をしており，それらを共有している人々の認知的（およびそれと不可分の情意的）活動を枠づけたり方向づけたりするものです。社会学者スプラドレーは，文化的テーマを以下のように定式化しています。

> 民族誌的研究の目的のために私は，文化的テーマを，多くの領域において頻繁に現れ，文化的意味の下位システムの間を関係づけるものとして機能する，暗黙的ないし明示的な，認知的原理（cognitive principle）と定義しよう。
>
> （Spradley, 1979, p. 186）

ひとまとまりの社会的・文化的システムには，さまざまなレベルにおいてさまざまな種類の文化的テーマが関わっています。質的研究は，必ずしも文化の記述が中心になるわけではありませんが，自分が関心をもっている社会的・文化的現象について，そこに潜む文化的テーマ（通常は，複数個）を理解することが大切です。たとえば，私は，中学校の数学の論証の授業について何度か民族誌的手法でそのさまざまな側面を研究しています。そのデータ分析の中から立ち現れた主要なテーマは，「理由がなくては言えない」と定式化できるものです。これは，論証学習の導入，証明の書き方，証明問題についての話し合い，クラスでの証明の発表，テストの採点などにおいて頻繁に現れる原則であり，論証学習のさまざまな側面と関わっていました。

昔の文化研究では，一つの文化全体を貫く単一の抽象的なテーマを提案したことがありましたが，今日はそのようなことは現実的でないとされています(Spradley, 1979, p. 187)。一つの文化には状況に応じてさまざまなテーマが関わっていると考えるべきでしょう。日本文化の古典的研究書として有名なルース・ベネディクトの『菊と刀』(1967)は，日本人の人生観を多くのテーマ“cultural patterns”で描き出しています。

> 日本人の人生観は彼らの忠・孝・義理・仁・人情等の表現によって示されているとおりである。彼らは「人間の義務の全体」は，あたかも地図の上の諸地域のように，明確に区別された幾つかの部分に分けられているように考えている。彼らの表現によれば，人生は「忠の世界」，「孝の世界」，「義理の世界」，「仁の世界」，「人情の世界」，その他多くの世界から成り立っている。おのおのの世界はそれぞれ特有の，細かに規定された掟をもっている。そして，人は他の人間を，全一な人格の持主として判断するのではなくて，「孝を知らない」とか，「義理を知らない」とか言って判断する。(p. 224)

これらテーマ—「世界」—は各々首尾一貫していますが，異なる「世界」は互いに整合的なわけではなく，「義理と人情の板挟み」という伝統的言い回しにみられるとおり，しばしば相容れない行為を人々にうながしてジレンマが生じることはよく知られています。人間の営みは単一の原理・原則によって論理的に説明しつくされるものではなく，しばしば複数の相矛盾するような原理・原則を参照しながら生み出されるものなのです。

14　分析の単位

研究を実際に進めるにあたっては，分析の焦点をどこかに絞り，自分が研究する事象を他の事象から区別立てします。そうして，生み出されるのが分析の単位（units of analysis）となります。質的研究では，分析の単位は，当事者の視点あるいは行動パターンにおいて区別立てられていることを原則としています（Merriam, 2009, pp. 39-54;　Pelto & Pelto, 1978, pp. 54-66）。当事者の視点において区別立てられている事象に焦点を当てることは，当事者を理解する目的から当然のことでしょう。しかし，当事者にとっては特段の意味がなくても，一定のまとまりのある行動パターンを形成していれば，それは分析の単位となりえます。

実際の研究では，複数のレベルの単位を駆使して分析します。研究の目標に直接結びつく単位を一つ定めておいて，それより小さい単位を必要に応じて設け，小さい単位での分析をまとめあげることによって，最終的に全体像を理解することになります。たとえば，研究者が，「学力向上」のためのある教育プログラムＰに関心をもっているとします。そのプログラムＰ自体の構造や効果を研究する場合は，その教育プログラムＰ自体が，研究の主要な単位となります。しかし，プログラムの実施過程で起こっていることを理解するためには，プログラムＰを導入して実施している実際の学校を調べる必要があります。そして，プログラムＰが学校や学級全体で取り組むべきものであれば，ここで，「学校」または「学級」が新たな分析の単位となるでしょう。また，何人かの児童を抽出して，彼らのプログラムＰへの参加の様子について詳しいデータ収集をする場合は，児童「個人」を分析の単位に設定することになります。

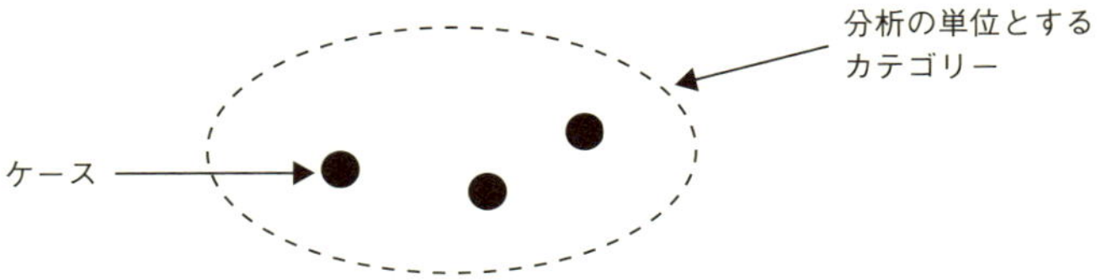

図 14-1　分析の単位とケース

これら分析の単位は，現実世界をとらえる概念的なカテゴリーです。そのカテゴリーに属する具体的事例は，ケース（cases, 事例）や「サンプル」と呼ばれたりします（図 14-1）。質的研究では，限られた数のケースに関して詳細なデータを収集してその理解を試みることが基本となります。これを，ケース・スタディと呼びます（具体的にどの事例を選んだらよいかは，事例の選択（サンプリング）の問題で，9 章参照）。ケース・スタディには量的なアプローチでなされる研究もありますが，本書では質的アプローチによるケース・スタディに議論を限定します（Merriam, 2009; Stake, 1995; Yin, 1994）。

以下では，教育研究や社会科学の研究で用いられる分析のおもな単位を，比較的小規模なものから順に例示します（Merriam, 2009; Miles & Huberman, 1994; ロフランド & ロフランド，1996）。

個　人

人間は，大人でも子どもでも一人ひとり他の人間から比較的自立したシステムとみなすことができます。多くの質的な教育研究では，それらの研究の一環として，特定の教師や児童・生徒個人についてのケース・スタディが含まれます。特定の個人のケース・スタディだけからなるライフヒストリー（Life history）と呼ばれる研究もあります。これは，人々の「語り」（ナラティブ，narrative）を収集・分析するナラティブ・リサーチに属し，特定の個人に対して膨大なインタビューを重ねる形態をとります。歴史研究では，たとえば，近年の歴史的な出来事に関わった著名な人物をインタビューすることによってその出来事へのより多面的で深い理解を追究できます。もちろん，歴史的な出来事に翻弄された「普通の人々」をインタビューすることによって，普通の人々の受け止め方をより深く理解する研究もあります。

慣習的行為

「慣習的行為」(practices) は，社会的・文化的生活において繰り返し現れるパターン化された行為で，しかも当事者たちからは「ごく普通」のこと，「ありきたり」のこととして受け取られているものです。文化研究で最も基本的な考察対象ですが，当事者の注目を引かないものです。日常生活の中の例でいえば，挨拶とか儀式などは慣習的行為のうちで最も典型的なもので，それらは開始から終了までが比較的明確な一連の行動から成り立っています。

学校生活は全般的に慣習的なものです。「授業を受ける」「休み時間に遊ぶ」「給食を食べる」「部活をする」等々，いずれも文化的には慣習的な行為とみなすことができます。たとえば，学校では毎日「掃除の時間」があり，教師と生徒たちが一斉に学校を掃除するのはごく普通のことです。このような行為は外国の学校では必ずしもみられません。日本の教育文化を理解しようとするなら分析対象となる行為の一つでしょう。ただ，「慣習的」といっても長い伝統がある必要はなく，たとえば，新しく学校に導入された教育システムを研究するような場合に，そのシステムを日常的に使っている教師や生徒にとって「いつものやり方」と理解されていることなら，その学校内の慣習的行為となります。

最近は，教科教育でも学校外における慣習的行為の研究が注目されることがあります。たとえば，学校外において遂行される数学的活動の研究が行われています。ブラジルの貧困層の子どもたちが街頭で物売りをしているときに顧客との交渉でどのような計算をしているか (Saxe, 1988)，主婦がスーパーマーケットで買い物をするときにどういう計算をしているか (レイブ，1995 参照)，南アフリカの伝統的工房で大工さんたちがどういう幾何学的知識を活用しているか (Millroy, 1992) 等が観察やインタビューで調べられています。これらはいずれも当事者たちにとっては日常的な行為であり，慣習的行為として分類できるでしょう。

時代とともに，慣習的行為も変容していきます。たとえば，藤澤 (2002) は，日本の子どもたちの勉強の仕方が 1990 年代から質的に変容したことを，学校，家庭，教育産業の変容と関連づけながら分析し，今日の学習の問題点を指摘しています。

エピソード

ロフランドとロフランド（1997）の定義では，慣習的行為と対照的に，エピソードは当事者たちにとって普通とは違った，注目をもってみられる現象をさし，当然，観察者にとっても，際立った現象と見えるものです。一人の人物だけに関わる場合もあれば，複数の人々，大勢の人々が関わる場合もあり，また，短期的に完結するものであったり，長期にわたって継続するものも含めます。たとえば，クラスの「きまり」を児童が破ってしまったり，授業が途中で中断してしまったりという出来事は，いつもとは違った事態です。たとえば，「学級崩壊」と呼ばれるような現象は，通常の学校現場では当事者たちにとって「ごく普通」のことではなく，複数の人々に長期間さまざまな混乱やストレスをもたらすものです。これらエピソードの分析をすることによって，それまで当たり前と思われた行為を支えていた背景がよく見えてきます。

遭遇または出来事

ロフランドとロフランド（1997）の定義では，遭遇（encounters）または出来事（events）は，複数の人々が互いに物理的に近い距離で交流するような社会的システムをさします。参画者の直接的な参加によって生み出され維持されるものであり，参画者がその場所を離れれば消滅するような比較的短命のシステムです。典型的な例は，エレベーターや通勤電車での乗り合わせの場面，診察室での医者と患者のやりとり，スーパーの売り場での主婦の井戸端会議，職員会議，PTA の会合，面接試験，進路相談のための三者面談，職員室での会話，授業研究会などです。

ただし，通信技術の進歩により人々の交流の仕方も「物理的に近い」という制約がなくなりつつあります。それゆえ，電話やインターネットを通じて複数の人々が交流するような状況でも「遭遇」の例を考えることができるでしょう。

役　割

「役割」(roles) というのは，社会生活の中で人々が使う「人のタイプ」分けです。人々に「肩書き」をつけて人々の行動を組織化したり，人々に「レッテル」を貼って人々の行動を理解しやすくしたりする概念的な道具です。役割とは，固定的に存在しているものではなく，社会の中で創造され，変容したり維持され，消滅の危機から再生したりする動的な存在です。たとえば,「よい子」という役割を子どもが家庭の中で維持するために，自分の考えをすぐ取り下げて親の言う通りにしたり，親に叱られそうなことを隠すふるまいなどは，よく知られていることでしょう。単に役割そのものを記述するだけでなく，役割を構成している動的な側面に目を向けることが大切でしょう。

1．生得的役割，フォーマルな役割

生得的役割 (ascribed roles) とは，社会に参加する際に否応なしに社会から割り当てられるもので，性別，年齢，国籍，人種などです (ロフランド&ロフランド，1997)。フォーマルな役割 (formal roles) とは，会社や学校など今日の社会で公に存在している組織の中で割り当てられる「肩書き」で指し示されるもので,「社長」「課長」「校長」「主任」「生徒」「クラス委員」「母親」など，最も目につきやすいものです。ウォールコット (Wolcott, 1973/2003) の小学校校長に関するケース・スタディは，教育における古典的エスノグラフィとして有名です。

2．組織におけるインフォーマルな役割

インフォーマル (informal) な役割とは，上記のフォーマルな役割に付加する形で，組織内に生成される役割をさします。たとえば，学校のクラスやクラブの中でも，周りの雰囲気を明るくする「ムードメーカー」，頻繁に問題を引き起こす「トラブルメーカー」，発言力が強い「ボス」，周りの生徒から人気のある「スター」など，表立っては割り当てられていないけれど組織のあり方になんらかの影響を与える役割が多くあります。

米国の高校の数学のクラスを観察とインタビューで研究した前出のティント

(Tinto, 1990) は，クラス内に「答えの人たち」という役割を見いだしています。そのクラスには9，10, 11学年の生徒たちが混在しているのですが，9学年の生徒たちは際立って成績がよく，他の生徒たちから一目置かれていました。他の生徒の何人かは，彼らが教師に指名される機会が多く，かつ教師の質問にすぐ正解を出せるのを見て，彼らを「答えの人たち」(the answer people) と呼びました。

> これらの生徒たちは，教師は特定の名前を呼ばないけれども，生徒たちがある種のタイプの質問は，ある生徒たち［クラス内の9学年の生徒たちをさす］のみに向けられていることを知っていると指摘した。カーラは，その生徒たちを「答えの人たち」と呼んだ。彼女は，「彼［先生］はいつでも，答えを知っているとわかっている人たちを指名するの。どの先生も普通にやってることよ。」と指摘した。後でまた彼女は，そういう人たちはいつでも指名されるから，たとえ教師が名前を呼んでいなくても，みんな彼らがどの問題にも答えてくれるだろうって期待すると指摘した。アニーは「先生は私には答えることなんか期待していない―3，4人の人たちがいつでも答えるのよ」とつけ加えた。さらに彼女は，「先生たちは質問するんだけど，他の子が答えるチャンスをもてないうちに，彼らが質問の答えを言っちゃう」と言った。(pp. 145-146)

ランパート (Lampert, 1990) の研究では，研究者の複数の「役割」が明確に論じられています。その研究では，研究者のランパート自身が小学校のクラスで教師として授業を行いました。社会的肩書きとしては，「大学の研究者」と「小学校教師」を両方もって実践研究を行っていました。さらに，彼女はクラスの中では「数学文化の代弁者」「数学のエキスパート」「クラスの議論への参画者」の役割を演じ，同時に子どもたちに数学エキスパートの下の「見習い者」としての役割を演じさせて授業を構成していきました。

3．社会的，社会心理学的類型

必ずしも特定の組織内に限定されない広く世間にみられる役割もあります。

たとえば,「うそつき」「お人好し」「いじめっ子」「よい子」「変わり者」「大物」など，私たちが日常的によく使うレッテルが含まれます。パーソナリティの研究でよく使われる「積極型」「消極型」「攻撃型」「寛容型」等を役割記述に利用する場合もあります。

プログラム

教育現場ではさまざまなプロジェクトやプログラムが提案され，実施されています。これらの取り組みは，立案し，実施し，修正し，再び実施し，最後に，終了または「制度化」(institutionalization) というような，時間的に境界づけられた一連の営みとしてとらえることができます。これらプロジェクトやプログラムについて，その効果を検証する評価研究において質的研究法を用いることができます (Patton, 1990)。教育現場での実施過程の中で修正を繰り返しながら新しい知見を探究していく研究として，アクション・リサーチ，教授実験，デザイン実験 (11 章を参照) と呼ばれるものが近年盛んですが，これらのプロジェクトにも質的研究法が適しています。

関　係

複数の個人または集団が，お互いの間になんらかの結びつきをみながら交流を続けているとき，それらの間に社会的関係が成立しているといいます。結びつきの仕方には，権力の強弱，友好・敵対意識，お互いへの関心度，依存度，信頼度等々，いろいろな要素が関与してきます。たとえば，教師と生徒の間に築かれる関係には，権力関係や信頼関係が基本的な前提にあることはよくいわれていることです。

前述の「役割」の場合と同じく，社会的関係もまた，社会の中で創造され，相互の交渉の過程で変容したり維持され，消滅の危機から再生したり，あるいは「制度化」されたりする動的な存在です。社会的関係のそのような変遷をとらえることも大切でしょう。

グループ，集団

ここでのグループとは，ある程度の月日にわたって交流し続けている集団で，ひとまとまりのものとしてのなんらかの連帯意識（「私たち」「みんな」「俺たち」などの一人称複数の言い方に現れます）をもつものをさします。家族，サークル，職場の同僚などは典型的なグループです。

グループの構成員たちの間には，権力や影響力などの違いにより，階層構造がつくられていることがよくあります。たいていのグループには，活動の中心となる「リーダー」格の人物がいて，その周りにリーダーの「補佐役」とか「まとめ役」のようなメンバーが何人かいたりして，最後に特別の地位がない「ただのメンバー」がいるのが普通でしょう。また，集団の中に，派閥や徒党のように，さまざまな利害関係をもとにかなり強力な結びつきをつくっている小集団ができることもよく知られているでしょう。

グループは，彼らが置かれている状況に対処するための独特の仕組みを備えた存在になっていることが知られています。たとえば，日本の職場では同僚の間で「飲みに行く」ことが伝統的になっていますが，これは仕事や人間関係からくるストレスを和らげてお互いが生き残るための手段のうちの一つと考えられるでしょう。また，家族なら，たとえば，毎日食卓を囲んでさまざまな話を交換することなどは，家族の間の人間関係，親の職場の問題，子どもの教育問題，家族の健康や介護の問題等々を乗り切っていくときに重要な役割を演じるものの一つでしょう。

組　織

組織とは，正式な目的が明示されており，計画的・系統的仕方でそれを追究するために意図的につくられた人々の集まりをさします。学校，会社，病院，学会，政党，宗教団体，秘密結社などの団体は典型的なものです。さらに，その組織の中の下部組織として，学級，部署，診療科，部会等々が階層的に設けられています。教育研究では，もちろん「学校」や「学級」は典型的な分析の単位です。

その他，「組織研究」として，組織そのものを研究するものもあります。組織成立の背景，構成員の集め方や管理の仕方，目的追究の方略，発展や衰退の要因などが分析の大きな焦点となります。数学教育の分野での組織研究としては，たとえば，数学教育現代化（New Math）の時期に結成された米国の数学教育研究団体 School Mathematics Study Group（SMSG）についての部分的な研究があります。日本では，多くの都道府県に，現職教員による研究・研修の組織があり，定期的に授業研究会を開催したりしています。これらの組織が日本の授業のあり方を重要な形で支えており，大切な研究対象でしょう（スティグラー＆ヒーバート，2002; 秋田＆ルイス，2008）。

地域社会

地域社会というのは，地理的に近接していてひとまとまりの共同体社会を形づくっている場で，前出の遭遇，役割，集団，組織が複雑に絡み合った世界をなしています。質的研究の主要な手法の一つとして，文化人類学から発展したエスノグラフィ（ethnography）と呼ばれるものがあります。地域社会は，伝統的なエスノグラフィが対象としていたもので，参与観察とインタビューを通して，そこで形成されている文化を理解することをめざします。今日では，エスノグラフィの手法は，共同体社会に限らず，質的研究全般に活用されています。

特に共同体そのものに焦点を絞ったものは，今日「コミュニティ研究」と呼ばれているものがあり，大都会のような大きな規模ものから，村落，町，団地，商店街など小さなものまでさまざまなものがあります。

社会的世界，ライフスタイル，下位文化

交通手段も発達し，コミュニケーションの手段も高度化した今日の社会では，活動場所の物理的な近さや面識関係は必ずしも集団や社会を構成するうえでは必要な要件でなくなってきています。そのような伝統的な社会的単位を部分的に含みながらも，どれにも分類できないようなものとして，コンビニエンスストア業界，金融業界，旅行業界などの，いわゆる「業界」や，今日盛んになっ

ているインターネット上のヴァーチャル・コミュニティなどが考えられるでしょう。 また，価値観や生き方の多様化した今日では，数多くのライフスタイルをあげることができます。また，主流となる伝統的文化からは距離を置く独特の文化—しばしば，サブカルチャーと呼ばれる—として，若者文化やオタク文化もよく知られ，社会学的に研究されています。

第Ⅱ部…各論編

15　分析：何を明らかにするのか

14 章でさまざまな社会学的，文化人類学的な分析の単位があることを論じました。さて，それら単位に分析の焦点を当てるとして，どんな研究設問を投げかけ，何を明らかにするのでしょうか。社会学や文化人類学の研究で探究される事柄として，ロフランドとロフランド（1997）は，タイプ，構造，頻度，原因，過程，結果，ストラテジー（方略）をあげています。この章では，これらの事柄を具体的に教育研究の場合で考えてみます。

タイプ

ある事柄を理解しようとしたとき，しばしば私たちは，それが何と似ているとか，何と異なっているのかを考えて，当の事柄のもつ一般的特徴を表そうとします。たとえば，若い教育実習生はしばしば生徒たちと考え方のギャップが少なく，権力的な上下関係があまり目立たない交流関係をもつことがあるでしょう。こういう教師－生徒の「関係」は，友人の間にみられる関係に似ているので，比喩的に，「友だち感覚」と表現することがよくあるでしょう。これは，単位としている当の事柄をある一般的なタイプ（類型）の一例としてみようとすることです。

シェーンフェルド（Schoenfeld, 1985, p. 41）の研究で見いだされたタイプをみてみましょう。彼は，数学の問題についての大学生たちの解決行動を観察してその特徴を分析しています。学生たちは，幾何の定理や証明についての知識は十分にもっていたにもかかわらず，図形の作図問題に取り組むときには，それらをほとんど活用せずに定規とコンパスであれこれと作図して見かけがもっともらしいものを見つけようとする行動を頻繁に示しました。シェーンフェルドはこれを見て，学生たちの問題解決活動のタイプを，認識論的用語を援用して「素朴経験主義者」(naive empiricists) と表現しました。

扱う事柄が増えてくると，一つのタイプだけではなく，複数のタイプを考えることが必要になります。すなわち，タイプ分けという「分類」をすることになります。たとえば，複数のコミュニティを調べる研究では，コミュニティ外の人々に対して「閉鎖的」であるか「開放的」であるかというような分類はきわめてよくみられるものです。

構　造

タイプ分けというのは，分析しようとしている単位について全体的特徴をとらえるのが中心でしたが，構造をとらえるというときは，それ自身の内部をいくつかの部分に分解します。そして，それら部分の間を関連づけて全体像を描きます。「グループ」の単位で述べた「階層構造」などは典型的な構造です。

頻　度

これは，対象としている単位ないしその特徴などがどれくらい頻繁に現れるかということです。たとえば，「数学離れ」という現象を分析するときに，「数学に関心がない」とか「数学を勉強するのが嫌いだ」と思っている生徒がどれくらいいるかを知ることは役立つでしょう。これを調べるには，多くの数のサンプルを調査してデータを統計処理する必要があります。ただ，これは質的研究では中心となりません。

原　因

自分の関心を抱いた現象について，「何がこの原因なのだろうか？」という問いかけは，最も自然なものでしょう。自然科学でも社会科学でも，因果関係の追究は重要な関心事の一つです。とりわけ，自然科学ではニュートンの法則に代表されるような因果法則を確立することは目標の一つです。

- どんな条件でこれは起こるのだろうか？
- どんな条件ならこれは起こらないのだろうか？
- これの発生をうながしているのは何なのだろうか？
- どういう環境において起こりやすいのだろうか？
- 何がこの違いを生み出しているのだろうか？

しかしながら，実は，因果法則を確立することについては，質的研究法はあまり向いていません。心理学や教育学における実験計画法を学んだ方はご存じでしょうが，因果法則を実証するには，因果法則を構成する独立変数と従属変数を測定可能な形で定式化し，それらを厳密に制御した実験デザインを考案して，かなりの大きさのサンプルを用いて実験を行わなければなりません（16章参照）。限られた事例の観察やインタビューという典型的な質的研究の進め方では，サンプルの規模，「変数」の定式化，実験デザインのいずれをとってもきわめて不満足なものになります。

シンボリック相互作用論のところで述べたように，質的研究では，「意味」というものが，人々の思考や行動を左右する「現実世界」をつくり上げており，さらに，それは固定されたものではなく，人々の間の交流を通じて生み出され変容していく，という見方を基本的前提にしています。このように，「意味」という移ろいやすいものを媒介にして社会的・文化的現象がつくられると考えるので，本来的に質的研究では，自然科学において物体の運動や植物の成長を調べるときのような，固定した形をもつ原因や結果とそれらを結ぶ直線的な関係からなる機械論的な因果法則による説明は想定していません。自然界が因果法則に従っていると前提すること，および因果法則を発見することによって自然界の現象を予測したりコントロールしようという方法論は，いずれも自然科学研究上の単なる概念的枠組みにすぎません。いうまでもなくこの枠組みは自然科学の研究対象についてはきわめて有効なものですが，質的研究の対象としている現象についてはそうではないと考えられます。

質的研究において「因果関係を調べる」といったときには，法則の確立ではなくて，ある社会的・文化的現象が人々の間のどのような意味を媒介にして生成・変容していくのか，そのメカニズムを理解することと考えてよいでしょう。より詳しくいえば，どういう意味的環境から，どういう要素が相互にどのように関与して，どのような変容をしながら，どういう社会的・文化的現象という形（shape）が生成されるに至るのか―リンカーンとグバ（Lincoln & Guba, 1985）のいう相互同時的形成（mutual simultaneous shaping）―ということを調べるのです。そして，それを調べるためには，当事者たちの置かれている状況，当事者たちの認識の仕方，感じ方，判断の仕方などを理解することが必要になるわけです。

この質的研究における因果関係のとらえ方を具体的な事例で示すために，アールワンガー（Erlwanger, 1974）という数学教育研究者が行ったケース・スタディの記述を紹介します。教育界において，プログラム学習という行動主義心理学に基づいた学習方法が注目された時期がありました。アールワンガーはその当時にプログラム学習の一つであったIPIと呼ばれる個別学習プログラムを実施している学校で，6名の児童について観察とインタビューによるケース・スタディを行いました。児童の一人のティナという女の子は，9歳6か月でIQ128をもち，1年生のときから算数のIPIを受けており3年生の終わりまでは優秀な進み方をし，年間約19ユニットをこなすペースでした。しかし，4年生になって突然成績が振るわなくなり，同じユニットを何度もやり直したり前のユニットに戻ったりするように教師やスタッフから指示されて，ペースは落ち込み，結局3ユニットしか進めませんでした。アールワンガーは，彼女の突然の変化の原因を分析し，以下のようにまとめています。

> ここまで，9歳6か月でIQ128をもち4年生［誤記：3年生］の終わりまでは優秀な進歩をみせていた女子ティナが，どうして突然，テストに落ち始めて再学習をするようになり，反抗的になっていったのかを示そうと試みた。The Research for Better Schools, Inc.（1971, p. 120）は，IPIの目的は，「学習を自分から進んで求めて自分で方向づけする姿勢を伸ばし，……問題解決の思考過程の発達をうながすこと……」としている。

しかしながら，このプログラムの数学に対する行動主義的アプローチ，プログラム化された教授モード，および個別化の形式は，次のような学習環境を生み出した。

①問題状況に先立ってスキルや概念が小ステップでティナに提示された。

②彼女は，学習すべき行動を穴埋め形式によって復唱（rehearse）しなければならなかった。

③問題の配列，解き方，作業の記録法があらかじめ決められていたので，彼女は教示に対して受け身で従わなければならなかった。この学習環境は，量についてのティナの直観的考えが伸びること，および活用されることを抑え込んでいた。

数に対する自分の直観的理解から，ティナは，いくつかの解き方［分配法則や交換法則などの計算法則を使った式表現を明示した解き方をさしている］は「みせかけ（set-up）」であり，したがって，答えをすでに知っている自分には不必要である，と発見するに至ったと思われる。ティナは，そのような状況から，プログラムの大部分の解き方は「みせかけ」で，したがって，不必要なものであると一般化するに至ったと思われる。それゆえに彼女は，「どうしてこのやり方，普通のやり方でやっちゃいけないの」と訴えた。これらの考え，信念，見方が，ティナの数学学習のとらえ方（conception）―どのように学習し何を学習するかを方向づけるもの―の基礎を形成した。彼女はすべてのやり方を拒否し，そのうちのいくつかを意図されたものとは異なって理解していた。そして，普通のやり方や規則の学習に集中した。

数学学習のこのとらえ方により彼女は数学を，答えを見つけるための規則のシステムとしてとらえるようになった。彼女の考える規則というのは，記号や数字の順序や配置に基づく記号的・空間的パターンに関するものである。彼女はだんだんと自分のつくり出した規則について独自の説明や正当化を展開していき，量についての自分の直観的考えを自分の答えを確かめるのに使用した。ティナは問題のいくぶんかについては正解を得たが，それらの答えは，大人たちの数学のとらえ方［たとえば，分配法則や交換法則などの計算法則を利用して計算していくこと］とは違った数学のとらえ方から導き出されたものだった。

> ティナの数学および数学学習についてのとらえ方はしだいに彼女を悲惨な事態へと導いた。彼女のそのとらえ方は，IPIの数学や彼女が学習で演じていた受動的役割を拒否することへ導いただけでなく，規則を学習することやそれらの規則に独自の説明を展開していくことに専念させていったのである。量についての彼女の直観的考えも，おそらくある程度まで，彼女の規則や答えなどについて洗練した説明［数学的説明］を発展させていくのを妨げたのであろう。彼女は数学で落ちこぼれ始めた。彼女の先生は，ティナの考えや見方に気づかずに，彼女の失敗の原因を誤解し［教師は，ティナが甘やかされてわがままになったこと（spoiled）が原因と見ていた］，当該のユニットとその前のユニットの問題を繰り返させていった。失敗や再学習はティナにとって新たな恥ずべき経験となった。彼女はプログラム自体に反抗し，犠牲者と辱めを生み出している―と彼女には思えた―個別化を拒否し始めた。
>
> (Erlwanger, 1974, pp. 145-146)

「成績がよい子」であったティナが，IPIプログラムの特定のユニットでのつまずきをきっかけにして，ティナのそれまでの成功の自信，IPIプログラムの教授法のパターン，教師とのコミュニケーションの問題，他の子どもたちからの遅れに対する恥の意識などのさまざまな要素が重なり合って，IPIの数学全体および数学学習に対するティナのとらえ方や感情がしだいに変容していき，それが同時に反抗・失敗・再学習の「悪循環」を生み出して極度のペースダウンに至る様子が述べられています。このまとめの記述には，ティナの突然の「成績不振」という現象が形成される過程に関与したと考えられるさまざまな要素が含まれていますが，関与の様子はかなり複雑です。単純な因果法則を適用して説明できるものではありません。彼のケース・スタディ全体を実際に読んでみると，「ティナがわがままだったから」「教師が正しく指導しなかったから」「教師と仲が悪かったから」「プログラムの課題が悪かったから」「数学が難しかったから」というような単純なことに原因を求める安易な説明（競合仮説）をことごとく退けることができる詳細な観察とインタビューの裏づけがなされているのがわかります。これらデータに裏づけられた彼の分析は，IPIのみならずプログラム学習一般に重大な疑問を投げかけた十分に説得力があるものでした。

プロセス（過程）

社会的・文化的現象について，それがどのようなプロセスを経て生ずるか，どのようなプロセスを通じて変容するのかを調べることは重要です。「プロセス」は方向づけられた系列として表現されます。サイクル，スパイラル，シークエンスは，プロセスの表現の仕方として最も代表的なものです。

1．サイクル

サイクルは，系列を進んでいくと最初に戻ってしまうものです。学校を例にとるなら，学校の活動などは，1年を周期にしたサイクルで営まれているといえるでしょう。社会心理学で有名な，「予言の自己成就」もサイクルをなしています。これは，「こうなるんじゃないかな」という思い込み（「予言」）によって，意識的あるいは無意識的にその予言を実現するように行動を合わせてしまう現象です。たとえば，「A さんは数学ができない」という思い込みの生み出す自己成就を考えると，以下のような段階が考えられるでしょう。

【段階 1】「A さんは数学ができない」という思い込み（「予言」）が，クラスの中に広まる。すなわち，なんらかの経緯で（たとえば，たまたま調子が悪くて数学のテストの点数が悪かったとか，誰かがデマを吹き込んだとか，教師が A さんの特異な考え方を理解できなかったとか，A さんがコミュニケーションに問題を抱えていたとか），教師や他の生徒たちが「A さんは数学ができない」と思い込む。A さん自身も「自分は数学ができない」のではないかと思い込むようになる。

【段階 2】 A さんは，「自分は数学ができない」という理由で，「どうせ自分は勉強しても数学をわかりっこない」と考えて，数学をあまり勉強しなくなる。数学の問題に取り組むときも途中で投げ出してしまうようになる。教師は，「A さんにはわからないだろう」と思い，A さんに難しい質問をしなくなり，授業中に指名することも少なくなる。A さんは能力別クラスでは能力の低いクラスに固定されるかもしれない。他の生徒たちも，A さんに数学の問題の答えを相談したりしなくなる。

【段階3】　A さんは，数学を勉強しなくなり，数学のテストで低い点数をとるようになる。難しい問題にチャレンジする機会も与えられず，数学の力が伸ばされないままになる。

【段階4】　A さんは，数学のテストの点数が低いのを見て，「やっぱり，自分は数学ができないんだ」と確信する。教師や他の生徒たちも，自分たちの予言の正しさを確認する（段階1に戻った）。

【段階5】　結果として，A さんが数学ができないことはテスト結果で実証された事実としてクラスの中で成立する。クラスのはじめの「予言」の通りの事実が成立した。

（反対に，「A さんは数学ができる」と思い込むとどういうことが実現するか，想像がつくでしょう。）

数学的問題解決学習では，問題解決の過程を，問題状況→問題の定式化→計画を立てる→計画を実行する→解決をふり返ってみる→新たな問題状況，というパターンで表現することが一般的ですが，これもサイクルでしょう。

2. スパイラル

これは，系列を進んでいくと最初に戻るのですが，ある特徴に関して出発したときより増加傾向ないし減少傾向がみられる場合です。米国の小学校では毎年同じ数学のトピックを内容のレベルを年々上げながら教えるカリキュラムが有名ですが，これは，スパイラル構造であるといわれています。「原因」の節で取り上げたアールワンガーのティナの場合は，IPI プログラムへの反抗的態度が再学習のたびにエスカレートしていったと考えれば，スパイラルであるといえるでしょう。

3. シークエンス

シークエンス（sequence）は，サイクルやスパイラルのように最初に戻ることはなく，時間の推移に沿って進展していく系列で，最もよく用いられるものでしょう。発達，適応，歴史に関するものを描くときには便利で，たとえば，ピアジェの発達段階説，ファン・ヒーレの幾何学習の思考水準説（van Hiele,

1986）などはそういう系列による表現の典型です。

授業における教師と生徒のやりとりの典型的パターンとして有名な，教師の発問（Initiation）→生徒の回答（Reply）→教師による生徒の回答の評価（Evaluation）の３つ組系列（IRE）もシークエンスです。ミーハン（Mehan, 1979）は，授業内のやりとりにおけるIREのさまざまな種類を分析して，授業内でうまくやっていくための隠れたルールを描き出しています。

結　果

先に述べた因果関係の「原因」の対極にあるのが結果です。焦点を当てている分析単位が他の分析単位に関わってどんなことを生み出したり，引き起こしたり，どんなことに一役を演じたかを調べます。たとえば，以下のような問いを追究するわけです。

- 世界観の違いがどのような営みにおいて違いをもたらすだろうか？
- こういう営みがどういう文化的意味の実現に役立っているのか？
- この役割がどういう構造の維持に役立っているのか？
- このグループの活動が地域社会に何をもたらしたか？

教育実践研究では，新しい指導法やカリキュラムを考案して，その実施のもたらす効果や影響を調べることが多くみられます。単に「生徒の成績がよくなった」「この試みは生徒たちに好評だった」というような結果だけではなくて，意味，営み，役割，関係等々の分析単位レベルにおいて結果を追究することが大切です。特に，実践研究では，教師やカリキュラム作成者の意図された目的が達成されたかどうかという問題ばかりに分析の目がいく傾向があります。しかし，質的研究では，教育実践が行われた社会的・文化的システムを包括的にみる姿勢が大切であり，「何が起こったのだろうか」という包括的問いをつねにもち，「意図しなかった」効果，「予期しなかった」出来事，「副作用」「副産物」など，意図された目的から離れた分析も忘れてはいけません。

ストラテジー（方略）

ギアーツやシンボリック相互作用論に言及したときに，人間が「意味」に支えられて思考や行動をするという見解を説明しました。この見解には，2通りの側面があります。一つは，人間が自分たちの紡ぎ出した「意味」に囚われた奴隷のような受動的側面です。もう一つは，自分の出会ったものごとに対処する中で人間は自分たちで「意味」をつくり出したり変更したりできるという能動的側面です。後者に着目したときに重要な関心となるのが，「人々はどういう状況においてどんなやり方―ストラテジー（strategies，方略）―で『意味』を創造したり変更したりするのか」という問題です。

たとえば，前述の，授業における教師と生徒のやりとりのIREパターンとして有名な，教師の発問（Initiation）→生徒の回答（Reply）→教師による生徒の回答の評価（Evaluation），について考えてみましょう。これは，長い伝統の中でつくり上げられたもので，現場の教師は必ずしも意識的に利用していないかもしれません。しかし，これは，授業に導入するトピックをコントロールしたり，「正解」を決める権限を教師に固定しておくのに大変都合よくできています。しかも，生徒の回答の枠があるので，生徒の参加も部分的にうながしており，「一方通行」の授業ではない形式をしています。教師は，IREパターンの利用をストラテジーとして巧みに駆使することによって，生徒の参加をうながしながらも自分の計画通りの展開の授業を演出することが可能になるのです。もちろん，生徒のほうが教師の「計画」を変更したりご破算にするストラテジーを駆使することがあります。たとえば，教師に指名されないのに勝手に回答を言ったり，教師の評価に反論したり，教師に質問したりするやり方です。生徒がこのようなストラテジーを駆使してくると，今度は教師が，もとの計画に引き戻したり，権限を維持するための別のストラテジーをくり出してくるかもしれません。このように見てくると，授業があたかも教師と生徒の主導権争いの場に思えてくるかもしれません。「荒れている学級」にしかないとみられる主導権争いが，普通の学級にも潜在的にあることを理解しておくことは大切なことでしょう。

16　質的研究の評価

教育研究における質的研究法への評価は現在でも議論されています。量的研究法については，自然科学に範をとっているので，その妥当性や一般化可能性を高めるための標準的な手法が確立しています。しかし，質的研究おける妥当性や一般化可能性をどうとらえ，どうしたらそれらを高めることができるかについては意見が分かれています。質的研究法の書物で量的研究法の話を長々とするのは余計なことに思えるかもしれませんが，両方の研究法の特徴を十分理解したうえで，自分の研究課題に適した方法を選ぶことが望ましいので，以下では，量的研究法と対比させながら，質的研究法の評価の問題を議論します。

研究結果の妥当性の問題

自然科学の研究を物理的な現実（reality）の探究とすれば，教育研究は，社会・文化的に構成されている現実を探究する営みととらえることができます。量的研究，質的研究いずれも，具体的研究対象を選びそれについて研究を行い，その研究対象に生じたことについて結論を出すものです。そのとき，その結論が真実であるかどうか，すなわち，その結論が研究対象に生じた現実に適合（fit）しているかどうかが第一に問われます。これが妥当性の問題です。

1．量的研究における妥当性

自然科学の研究では，機械論的自然観のもとに，現象のさまざまな「変数」間の因果法則を見いだして自然をコントロールすることが図られています。因果法則を確立する手段としては実験的方法が利用されてきました。教育学や心理学においてもその「科学的」研究のために，実験的方法が活用されてきました。教育界では20世紀初頭に連合主義心理学者ソーンダイクらの実験的研究が注目され実験的方法への信頼が高まりました。その後，フィッシャーらの統計学理論の発展を経て，1963年にキャンベルとスタンリーによってまとめられた「教育研究のための実験的および準実験デザイン」によって，教育研究における実験的方法のスタンダードが確立されました（Campbell & Stanley, 1963/1966）。

教育における実験デザインは，対象へのある介入［独立変数］が原因となってある特定の行動や特性［従属変数］に効果がもたらされる，という形式の因果法則の仮説を実証することを目標としています。そのために，実験デザインには２つの要件が求められます。まず実験は，対象者に生じた効果がその介入によるものか，それとも他の要因によるものかを識別できるようにデザインされる必要があります。この要件は「内的妥当性」（internal validity）と呼ばれます。次に，実験は特定の対象者を選んで特定の具体的介入を用いて行うものですが，因果法則が当該の実験の事例を超えて通用するように実験はデザインされる必要があり，これは「外的妥当性」（external validity），または，「一般化可能性」（generalizability）の要件と呼ばれます。内的妥当性は実験が認められるためには不可欠とされ，実験デザインの議論では詳細な吟味がなされますが，外的妥当性は追実験を経て変動するものなので完全に把握することはできないとされます。後者については後の節で議論します。

内的妥当性が高いとされる実験デザインで教育研究において用いられる最も典型的なものが，「事前テスト・事後テスト・統制群法」です。この実験デザインは，まず，対象者を特定の介入（たとえば，新しい教授法）を実施する「実験群」と，その比較対象である「統制群」に無作為に割り当てます。次に，両群についての観察・測定（事前テスト）を実施し，実験群のみに介入が実施され，統制群には介入を実施しません。その後，両群について，その効果の観察・測定（事後テスト）を経て，２つの群を比較検討することにより，介入の効果の有無を結論することになります。実験の流れは次のように図式化されます（実験の経過は，左から右へ進むとします。R: 無作為割り当てによるグループ分け，

O: 従属変数の観察・測定，X: 独立変数の投入)。

実験群	R	O	X	O
統制群	R	O		O

なお，対象者を無作為に分ける手続きが厳格に行われれば，事前テストを省略した「事後テスト統制群法」も同じくすぐれた実験デザインと考えられます。

しかし，対象者を無作為に2つの群に分けるのは，教育現場ではしばしば現実的ではなく，学校の「クラス」のような既存のグループ分けをそのまま利用せざるをえません。これは本来の「実験」ではないので，「準実験デザイン」（quasi-experimental design）と呼ばれます。そのデザインは下記のように表されます。

実験群	O	X	O
統制群	O		O

ただし，2群を区切る破線はその割り当てが無作為でないことを表します。これは「不等価統制群法」と呼ばれ，教育研究では代表的な実験デザインです。

教育研究では，なんら実験的介入をしない統制群を設けることに倫理的問題が生ずる場合があり，統制群を設けない「単一集団事前テスト・事後テスト法」もよく用いられます。

実験群	O	X	O

さらに教育研究では，なんらかの実験的介入を行ったある集団に対して事後に観察・測定をするだけの「事後測定ケース・スタディ」（one-shot case study）の研究もみられます。

実験群	X	O

最後の２つはもはや実験とも呼べないとして，擬実験デザイン（pseudo-experimental design）や前実験デザイン（pre-experimental design）と分類されたりします。

実験的介入が効果をもたらすならば，実験群の事前テストと事後テストの観察・測定値の差は，統制群のそれより十分大きいはずです。しかし，対象者の観察・測定値を変化させる要因は他にも考えられ，それらは内的妥当性への「脅威」となります。履歴，成熟，テスト効果，道具の変化，統計的回帰，対象者の選抜，データ欠落の７つの脅威がおもなものとして知られています（詳しくは，池田（1971）等を参照）。

①履歴（history）の脅威：事前と事後のテスト間に生じた変化は，実験的介入以外のなんらかの出来事が原因となって引き起こされたのではないかと考えられること。

②成熟（maturation）の脅威：時間の経過に伴う自然な発達的変化が原因として考えられること。

③テスト効果（testing）の脅威：事前テストを実施したこと自体が，対象者のその行動への意識を高め，それが事後テストでの成績を変化させたのではないかと考えられること。

④道具の変化（instrumentation）の脅威：事前と事後のテスト間に，テストの方法や基準，あるいはテスト採点者になんらかの変化が起こったのが原因と考えられること。

⑤統計的回帰（statistical regression）の脅威：事前テストで極端な得点を用いてグループ分けしたとき，各グループの事後テストの平均値は全グループの平均値に向かう統計的現象があり，これが原因と考えられること。

⑥対象者の選抜（selection）の脅威：実験群ははじめから統制群よりも実験で調べようとする値が高かったのではないかと考えられること。

⑦データ欠落（experimental mortality）の脅威：事前テストを受けた対象者の何名かが事後テストを受けなかったために生じたデータ欠落が原因と考えられること。

本来の実験デザインでは，これらの要因による変化と介入による変化を識別することがほぼ可能とされています。事前テスト・事後テスト・統制群法で見ると，まず，実験群，統制群へのふり分けが無作為なので，対象者の選抜要因は無視できます。両群は同等と見なされるので，履歴，成熟，テスト効果，道具の変化，統計的回帰はいずれも両群に等しく影響すると考えられるため，それらの要因は無視できます。ただし，データ欠落要因だけは無視できないので，その影響がどれくらいあるかは見きわめる必要があります。

他方，準実験では実験的介入とそれ以外の要因の識別に多くの難点があり，実験結果の解釈をより慎重にする必要があります。実験群と統制群の選出が同等であるようにあらゆる努力をし，事前テストでそれが確認できることが理想です。もし両群が異質である場合には，内的妥当性はさまざまに脅かされます。なぜなら互いに異質な２群については，それぞれ履歴，成熟，テスト効果が等しく影響するかわからないからです。選出に極端な得点が使われれば，統計的回帰も影響します。

擬実験については，内的妥当性を脅かす多くの要因をコントロールできないといわれます。単一集団事前テスト・事後テスト法では，比較対象がないため，履歴，成熟，テスト効果，道具の変化の影響と実験的介入の効果が識別困難です。事後測定ケース・スタディに至っては，もはや科学的価値がないといわれます。

> 今日の教育における多くの研究が，単一の集団に対し，なんらかの変化を引き起こすと思われるある作用や処遇に引き続いて一度だけ調査するようなデザインに従っている。そのような研究は次のように図式化されるかもしれない。
>
> X　　O
>
> 指摘されてきたように（例：Boring,1954; Stouffer, 1949），そのような研究はコントロールがまったく欠如しているのでほとんど何の科学的価値もない。（Campbell & Stanley, 1963/1966, p. 6）

2. 質的研究における妥当性

自然科学では個々の因果関係の探究にとどまらず，それらを支配する普遍的な因果法則を確立することが大きな目標となっています。他方，因果法則の確立は，質的研究法の中心的関心事ではありません（Maxwell, 2004）。15章で論じたように，質的研究において「因果関係を調べる」といったときには，ある社会的・文化的現象が人々の間のどのような意味を媒介にして生成・変容していくのか，そのメカニズムを理解することと考えます。これは，歴史研究者が歴史的出来事の展開における因果関係を調べる場合と同様の探究です。そこでは，当事者たちの置かれている状況，当事者たちの認識の仕方，感じ方，判断の仕方などを理解することが必要になります。研究結果の評価では，その因果関係のメカニズムについての説明がデータに照らし合わせて妥当か，その説明が十分信用できるか（credible）どうかが第一の問題になります。犯罪捜査では，現場に残された証拠，目撃者の証言，関係者の聞き取り調査，容疑者の事情聴取等々のデータをもとに，いつ，どこで，だれが，何を，何のために，どのような経緯で事件を起こしたのかその可能なストーリーをさまざまに構成し，さらなる捜査の過程で，矛盾が出てきたストーリーが棄却され，最も妥当性のあるストーリーが生き残って，裁判ではそのストーリーが信じるに値するかが争われます。質的研究の結果についても，同様の過程を経て因果関係を構成するストーリーが信じるに値するかが問われるのです（たとえば，Scriven, 1974）。

なお，「事後測定ケース・スタディ」は「科学的価値がない」というキャンベルとスタンリーの主張は，ケース・スタディを典型とする質的研究者から強い批判を受けました（後年，キャンベルは自分の主張を撤回しました。Campbell, 1979参照）。実際のところ，質的研究のケース・スタディは，上記の「事後測定ケース・スタディ」と同じではありません。第一に，質的研究は，通常は，あらかじめ定式化された仮説を検証するために計画されるのではなく，事例に関してさまざまなデータ収集と分析を行って理解を深めることを目的にしています。その過程においてさまざまな仮説を立てますが，それは理解のための作業仮説にすぎません。第二に，すでに論じたように，質的研究では，事前テストや事後テストだけでなく，研究過程全体を通じてさまざまな形のデータの収集・分析が行われ，妥当性を高める工夫がなされています。以下では，キャンベルとスタンリーがあげた「内的妥当性に対する脅威」に関連づけながら，それらの工夫を見てみましょう。

(1) トライアンギュレーション

質的研究全般において，妥当性の高い研究をするために大きな役割を演じるのが，トライアンギュレーション（triangulation）です（Denzin, 1989）。データ収集において複数の種類の手続きを併用することがあります。たとえば，教育研究でいえば，授業観察，教師や生徒へのインタビュー，質問紙調査，ワークシートやテスト答案などの文書類収集を一つの研究ですべて行うことがあります。このような場合，異なった種類の手続きで得られたデータを，互いに突き合わせて分析を進めます。この分析過程は，三角測量（triangulation）で位置を決定する手続きにたとえられて，トライアンギュレーションと呼ばれています。

トライアンギュレーションは，ジャーナリズムでいえば「裏を取る」という手続きに相当するでしょう。世間の注目を浴びるスクープ記事の場合などはこれを怠るとジャーナリストとしての生命に関わります。重要な結論をする場合は，特定の情報提供者に頼りきるのでなく，必ずそれとは独立のルートで情報内容をチェックするということが，質的研究でも不可欠です。

前述の量的研究の実験デザインではデータ収集は事前テストと事後テストだけです。介入過程はブラックボックス化されているので，その分析がありません。事前テストと事後テストという限られたデータだけで「内的妥当性に対する脅威」に対応するために，統制群を設けて，それとの比較分析を行います。

図 16-1　トライアンギュレーション

他方，質的研究では，研究過程全体を通じて，多角的なデータの収集・分析が行われます。研究の中心的な結論に対しては，観察，インタビュー，資料等の複数のデータソースと複数の関係者から，複数の機会に収集されたデータを突き合わせて，最も整合的な解釈を導き出すのです。研究報告書においては，重要な結論をする箇所において，複数のルートからのデータを提示して，トライアンギュレーションを経た分析結果であることを明示すると，非常に説得力が出てきます。

ただし，複数のルートで得られた情報が食い違ったときは，慎重な判断が必要です。どのデータがどのような側面についてより妥当性が高いのかを検討することになります。情報源が他人からの伝聞や噂である場合は，妥当性が低いでしょう。思い込みが強かったり，我田引水が目立つ人からの情報も気をつけるべきでしょう。一般に，問題となっている事柄に直接関わったか，またはそれに近い人からの情報を優先します。さらに，直接関わった人々しか知りえないような詳細な情報を提供できる人ならかなり信頼できるでしょう。このように，トライアンギュレーションは，それぞれの種類のデータについて評価する過程も含んでいるのです。

(2) 長期にわたるデータ収集

「テスト効果」の脅威は，質的研究では観察者がフィールドに入るときに当事者の間に生じる「観察者効果」に相当します。部外者に見られているという意識が当事者たちに普段とは違う行動を引き起こす現象としてよく知られています。質的研究では，文化人類学の参与観察の伝統以来，フィールドに比較的長期間滞在し当事者たちと信頼関係を築くことによって，当事者たちが普段通りの行動をするようになり，この現象が低減すると考えています。

(3) 継続的データ収集

「履歴」の理解は，質的研究の場合は，フィールドでどのような出来事が展開しているかを理解することに相当します。これは質的研究の基本的関心事であり，研究者がフィールドを継続的に訪問して観察やインタビューで調べており，フィールドで起こった出来事と当事者の変容との関係を見きわめることは可能です。

「成熟」の脅威が指すものは，時間の経過に伴う当事者の自然な内的な変化であり，生物学的発達，生理学的変化（空腹や疲労等），心理的変化（テストへの慣れ等）をさします。これら当事者の内的な変化については，かなりの程度，当事者への継続的な観察・インタビューによって明らかにすることが可能です。特に，「発達」については，質的研究では，単なる生物学的現象ではなく社会・文化的環境と密接に結びついていると理解されており，その過程は従来から質的研究の重要な研究テーマの一つになっています。当事者の変容に関わるさまざまな要因（生物学的要因も含めて）とその影響を分析する手段が蓄積されています。たとえば，「統制群」のようにあらかじめ固定した比較対象を設けるのではなく，複数の事例を仮説に応じて柔軟に選出して比較する「継続的比較法」（10 章参照）があります。

「データ欠落」の脅威に関しても，質的研究では研究期間を通じて詳細なデータを収集しているので，対象者に「脱落」が起こった場合は，その前後のフィールドの比較をすることによって「データ欠落」の影響を検出することが可能です。もちろん，「脱落」という現象自体も質的研究の分析対象になりえます。

（4）事例選出の規準のチェック

「統計的回帰」と「対象者の選抜」の脅威は，フィールドおよび研究対象をいかに選ぶかに関わっています。質的研究では，9 章で論じたように，研究過程で目的に応じてフィールドや対象の選出が行われます。そして，それらについての詳細なデータ収集がなされ，それらの特徴がフィールドで起こる現象にどのように反映されるかが分析されます。妥当性を高めるには，フィールドや対象の選出の仕方，フィールドや対象の特徴について，詳細に報告することが重要となります。

（5）負事例や変異事例の積極的探索

質的研究では，上記（4）に加え，さらに，データ分析の途中でも，負事例や変異事例を積極的に探索します。それら事例の分析を通して，作業仮説を練り上げて，より妥当性の高い結論を追究していくことが重要になります。研究報告では，自分の仮説に合う事例だけを列挙するのではなくて，負事例や変異事例もあげて，それらをどのように分析において考慮したのかを明確に論じると，妥当性のみならず，読者への説得力が高くなります。

たとえば，中学校数学科の図形についての授業の観察から私は，「数学では，どんな事柄でも証明なしに使うことはできない」という規範が授業に導入されている，という仮説を立てたことがあります。このとき，実際には，「証明なしに使ってよい」と教師自身が発言している場合もときどき観察しました。こうした場合，仮説と合わない事例を報告で取り上げて，その発言場面の前後の文脈から教師自身は「本来は証明すべきであるけれど，授業時間が限られており，ここでは，定理の証明より定理の利用に時間を割きたい」という意味で言っていたと示して，先の発言は「本来は証明すべきである」という教師の規範意識から出た言い訳と分析しました。これは翻って，教師は「数学では，どんな事柄でも証明なしに使うことはできない」という規範意識を強くもっていることの証左となり，はじめの仮説を補強することになりました。

(6)「データ収集の道具」としての研究者自身へのチェック

「道具の変化」に関しては，質的研究では研究者自身がデータ収集の「道具」であるとされており，「道具」としての精度を高めるさまざまな手法が蓄積されています。社会科学や教育研究における実験研究や調査研究では，研究者自身の主観や研究者の研究対象との関係は，研究デザインの構成要素としては組み入れられてきませんでしたが，質的研究では，それらは不可欠の要素となります：「フィールドワーカーにとって研究の本質的な道具は常に自分自身である」(Wolcott, 1975, p. 115)。質的研究では，研究者自身が，対象とする人々と多かれ少なかれ相互作用しながら彼らの主観の世界を再構成していきます。シンボリック相互作用論の考え方はこの過程にも適応され，研究者自身の主観や，研究者が相互作用するあり方が，再構成に影響を及ぼすと考えられるのです。研究者はつねに自分自身が対象に対して抱く先入見や偏見を分析し，それらを相対化し，データ収集・分析に及ぼす影響を査定しなければなりません。たとえば，異国の地でデータ収集するとき，民族学者は自国との文化的差異を利用して，その土地に住む人々が気づかないようなその土地の文化の特徴をとらえることができますが，その反面，自国の文化を基準にしてその土地の文化を判断してしまう自文化中心主義（ethnocentrism）の 危険性にも注意しなければならないのです。

また，研究者と研究対象となる人々との関係は，得られるデータの質に重大な影響を及ぼすものであり，研究者はつねにその影響を査定する必要があります。たとえば，学校で生徒たちの間で形成されている文化を研究する際，研究者は自分が生徒たちから教師のようにみられているか，友人か，不案内な客のようにみられているかで，彼らが研究者に提供する情報が異なることがあります。研究者はデータ収集に不利な役割を参加者から与えられないように常に注意深く学校の中でふるまう必要があるのです。

研究者は，研究過程における自身の思考について詳細な日誌をつけることに加え，機器による映像や音声の記録の活用により，研究者自身の変容および変容による影響を是正する手続きをとります。研究論文の中では，それらの手続きを明確に報告し，また，研究者がフィールドでどういう役割を与えられていたかを明確に記述し，読者にその影響を判断する資料を提供する必要があります。

（7）信頼性を高める記述と記録

データの記述に関しては，量的研究の伝統においては「信頼性」が問題になります。これは，同じ対象，同じ条件，同じ方法で研究した場合に一貫性のある結果が得られるかどうかの基準であり，妥当性の高い研究成果を生み出すための前提です。量的研究では，特に実験研究において，報告された実験結果にどれだけ再現性（replicability）があるかに関わる基準です。再現実験は，研究者コミュニティの中で遂行されるのを待たなければなりません。他方，質的研究の理論的枠組みでは，再現性はほとんど意味をなしません。教育現象において，同じ対象者と同じ状況において同じ研究手続きを再現することは，実際には不可能だからです。同じ対象者でも２度目になると違う状況に変化してしまいます。さらに，類似の対象と状況を選んで同じ研究手続きを遂行することは可能ですが，自然科学の実験室のように変数を人工的にコントロールしないので，最初の研究とは異なる要因が関わってくることが普通であり，そのために研究結果が異なってしまう可能性があります。特に，観察やインタビューの仕方は状況に応じて柔軟に変わるため，最初の研究と「同じ」研究手続きをとったとしても，再現研究で得られるデータが前の研究のデータと一貫しているか，単純には比較できません。

質的研究におけるデータ記述を正確で信頼できるものにするためには，たとえば，データの記述において，現象の置かれていた状況や脈絡，観察者の抱いていた仮説，記述の用語，データ収集の方法などについて詳細な説明をつけたり，機器による映像や音声の記録をしたり，複数の研究者による記述のチェックを行うなどの手段を講じて，観察者間で，さらには研究者コミュニティで広く合意可能な記述に修正していくことが大切です（Maxwell, 2002, p. 48）。

研究結果の一般化可能性の問題

自然科学の研究では普遍妥当性のある因果法則が探究されます。しかし，どんな実験も限られた事例しか扱えないので，提起された仮説の普遍妥当性（外的妥当性）を完全に確立することはできず，常に反証の危険性を抱えています。そのため，どんな研究成果についても追実験が必要になります。もちろん，教育研究における量的研究法と質的研究法のいずれにおいても外的妥当性を完全に検証することはできません。

しかしながら，より一般的に適用可能であるような研究成果をめざす努力は求められており，一般化可能性を高める研究方略が追究されています。以下では，教育研究における量的研究法と質的研究法においてどのような方略がとられているか比較検討します。

1. 量的研究における一般化可能性

外的妥当性には，大きく２種類があるといわれています。1つは，研究対象者から他の対象者に一般化することに関わる「母集団妥当性」（population validity）であり，もう一つは，研究が実施された環境から他の環境に一般化することに関わる「生態学的妥当性」（ecological validity）です。

(1) 母集団妥当性

調査研究（survey research）では，統計的推論の理論を前提に，母集団から無作為抽出によって調査対象を選出することによって，調査結果の普遍性を保証する方法をとっています。教育課程実施状況調査，TIMSS，PISA など大規模学力調査はその典型です。調査研究は，質問紙やインタビューによるデータ収集が多いですが，TIMSS ビデオスタディ（Hiebert et al., 2003）のように授業のビデオ収録による方法もみられます。

しかしながら，統計的推論の精度を確保するためには，かなりの大きさのサンプルを抽出する必要があり，現実に実施することは必ずしも容易ではありません。そこで，特定の地域の学校だけに限定して無作為に抽出したりします。また，場所だけでなく時期も無作為にしないと重大な偏りが生ずることがあります。TIMSS ビデオスタディは日本では中学二年生の数学の授業の無作為抽出でしたが，二年次後半にビデオ収録が行われたため，図形の論証の内容に偏った授業データになってしまっています。さらに，「無作為」に抽出して研究への協力依頼をしても断られることも多いです。無作為抽出をやめて，研究への参加を募集して協力を申し出た学校に限定して調査を実施したりすることも多いです。こういう場合は，調査結果の外的妥当性は限定されてきます。

教育研究における実験的研究や質的研究の場合，調査対象の無作為抽出は一般的に困難です。質問紙やインタビューと違って，大きいサンプルで実験的介入を実施するには多大の労力を必要とします。質的研究は，一つのフィールドで比較的長期間にわたり集中的にデータ収集を行うため，フィールド数は限られます。それゆえ，これらの研究では，統計的推論の理論に基づく一般化は無理があります。

(2) 生態学的妥当性

たとえば，新しい教授法の効果を事前テスト・事後テスト・統制群法で実施する場合，子どもたちを実験群と統制群に無作為に振り分けて別々の教室で授業を受けさせることになります。いつものクラス編成とは違う編成で授業を受けることになるので，雰囲気もいつもと異なり，子どもたちはいつもとは違った行動をするかもしれません。このような状況で調べられた実験結果は，通常の教室での行動には当てはまらない可能性があり，生態学的妥当性が低く評価されます。他方，準実験や擬実験デザインでは，子どもたちを無作為に振り分けたりせず，いつものクラス編成で実験が行われるので，その点では生態学的妥当性が比較的高いと評価されます。このように，一般に，内的妥当性を高くすると実験者による対象者へのコントロールが強くなり，生態学的妥当性が低くなります。反対に，実験者のコントロールを少なくすると内的妥当性は低くなるが，生態学的妥当性を高くできるといわれており，両者はトレードオフの関係にあります。

2. 質的研究における一般化可能性

質的研究の伝統においては，特定の事例の詳細な理解だけで十分価値があり一般化がそもそも問題にならない研究も多いです。歴史的な事例研究の場合はその典型です。たとえば，教育改革や教育運動についてはその論争の中でさまざまなとらえ方が展開しますが，歴史的資料や関係者の証言をもとにより正確な理解をうながすことはそれだけで価値があります。

(1) ローカルな説明と理論化

質的研究では，人々の思考や行動は社会・文化的状況における社会的相互行為を媒介にして形づくられるとします。研究事例についてわかった事柄が，他の事例にも当てはまるかどうか，つまり転用可能性（transferability）（Lincoln & Guba, 1985）は，それぞれの社会・文化的状況や社会的相互行為が当該の研究事例と同じあるいは類似であるかどうかを実際に調べてみなければわからないと考えます。「類似」の社会・文化的状況に置かれ「類似」の社会的相互行為を営んでいる「母集団」さえあらかじめ確定できません。そして，質的研究者は研究結果として，社会・文化的文脈を超えて通用する因果法則による普遍的説明をめざしているのではなく，個々の事例における因果関係などのプロセスを理解するローカルな説明を目的にしています（Alasuutari, 1995）。

研究事例で得られたローカルな説明が，どれくらい広く通用するかは重要な関心事ではあります。広く通用するような研究はそれだけ社会を理解するのに利用価値が高いからです。ここで，当該の研究事例を調べた研究者自身が，そのローカルな説明をどういう事例に一般化するのか，事例の分析に基づいた理論化“analytic generalization”（Yin, 1994）を行うことが重要になります。関連する先行研究や資料に基づいて，理論化を示唆することは十分可能です。分析で鍵となった概念とそれに関する一般的な原理を提示し，それらに基づいて，対象としている現象を論理的に説明できることを示すのです。

(2) 目的に応じた事例選択

どのような方向に理論化するかは，研究目的に依存し，事例選択の時点で十分検討する必要があります。量的研究の調査研究では母集団からの事例の無作為抽出によって，その一般性を保証しますが，質的研究では目的に応じてさまざまな事例選択の仕方が考案されています。９章で論じたように，研究の初期では，事象の代表性や網羅性を目的とする場合には，全数選出ないしそれと近似した選出法，比較を目的とする場合には，極端な事例，典型的事例，稀少事例，理想的事例，類似事例等が対象として求められます（Schofield, 2002も参照)。グレイザーとストラウス（1996）は，グラウンデッド・セオリー構築のために理論的サンプリングという組織的選出戦略を開発しています。

(3) 研究者コミュニティによるチェックの促進

それでは，こうして得られた理論的一般化の妥当性はどう評価するのでしょうか。少数の事例からの一般化は，帰納的推論として，その不確実性は自然科学の研究でもよく知られています。それゆえ，自然科学においては，研究者コミュニティが当該の理論的一般化と他の研究結果や理論との整合性をチェックしたり，追実験を通して，当初の理論から修正を経ながら受け入れられたり，あるいは排除されていくのです。教育研究においても，同様であるべきです。単一の質的研究の成果からの理論的一般化を提示し，研究者コミュニティにその評価をゆだねることになります。研究者コミュニティは，単に「一般性を示すデータがない」と否定したり，一般性を証拠立てる責任を当該の研究者自身に一方的に押しつけるのではなく，関連する研究や理論，自分自身の専門的経験，および類似の研究の実施などによってその妥当性を検討する責任があります。

そこで，研究者コミュニティによる検討をできるだけ厳格に行うためには，質的研究の報告において，十分な明確さが必要になります。研究課題，概念的枠組み，研究対象者の特徴や置かれている状況，さらに，データ収集方法，データの分析方法について明快な記述をしなければ，他の研究者が関連する研究と精密な比較検討をすることが不可能になってしまうからです。

教授実験，デザイン実験，アクション・リサーチの評価

質的研究の応用として，11 章で教授実験，デザイン実験，アクション・リサーチをすでに論じておきました。これらは伝統的な質的研究とは異なって，研究者や実践者が現実の営みに積極的に介入する特徴をもちますが，妥当性や一般化可能性の問題は質的研究と同様に考えることができます。

教育現場における学習環境はさまざまな要素（「変数」）から成り立っており，抽象化された教育理論だけからは扱いきれません。それゆえに，学習環境の設計は常に不十分な，暫定的なものにとどまります。設計，実施，分析，再設計，……のサイクルの継続を続けて，徐々に洗練していくしかないのです。量的アプローチの「実験研究」のように学習環境の設計をあらかじめ決めたとおりに固定して実施し，あらかじめ決めた設計が効果的か否かだけを検証するような進め方はしません。また，実験室での研究と違い，研究者が人為的にコントロールできる変数は限られています。教授実験，デザイン実験，アクション・リサーチは研究者および研究チームが直接的に長期間にわたって教育現場に関わる研究なので，現実的に，限られた数のサンプルでしか実施できません。それゆえに，研究成果の評価を行うには従来とは違った仕方を検討しなければなりません。

デザイン実験（以下，教授実験も同様）は，学習環境の設計のサイクルにおいて教育現場の当事者である教師や学習者の見方を絶えず理解しそれを設計に反映しようとしており，質的研究に分類できます。それゆえ，デザイン実験においても，質的研究で提案されているさまざまな手法が妥当性を高めるために活用できます。ただし，数量的データの収集・分析もしばしば併用されます。実際，既に述べましたアン・ブラウンの「相互教授法」や「学びの共同体」の

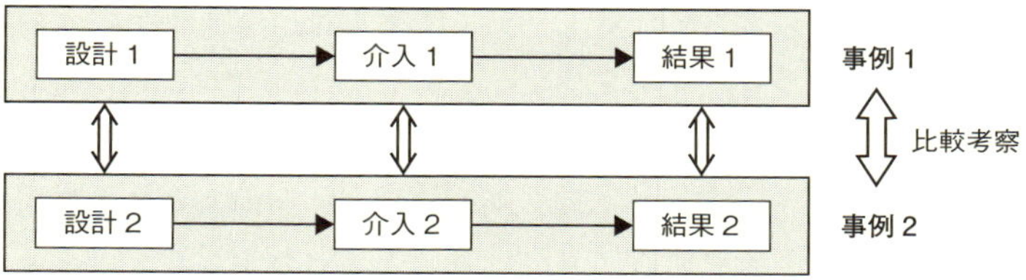

図 16-2　デザイン実験の分析

デザイン実験でも数量化されたデータを分析に取り入れ，多角的な分析（これもトライアンギュレーション）によってより説得力のある結論を生み出しています（Brown, 1992）。デザイン実験では，教育現場への介入活動と同時に，研究チームの研究活動も進められます。それゆえ，それら両面におけるデータ収集とデータ分析が必要になり，さらには，最終的には両面を統合するような理解が求められ，作業は膨大になります。

デザイン実験の大きな特徴は，教育実践への介入過程において，介入の仕方を柔軟に修正していくことです。研究成果の妥当性を高めるためには，介入の仕方における修正過程をきめ細かく文書に記録しておく必要があります。これを図に表して考えてみましょう（図 16-2）。当初の設計（「設計 1」）に基づいて，ある介入（「介入 1」）を実施してある結果（「結果 1」）を得たとしましょう。その結果の評価で，なんらかの望ましくない可能性を示唆するデータが得られたとします。そこで，新たな設計（「設計 2」）のもとで，介入 1 を検討し直して，「介入 2」に修正し，「結果 2」を示すデータが得られたとしましょう。

このようなとき，どういう設計と介入からどのような結果が得られたかについて，2 種類の事例が得られたことになります。これらの事例を詳細に文書化して記録しておくことが重要です。具体的に，どういう考えで設計が行われ，どういう介入が行われたのか，それがもたらした結果はどういうものか，を詳細に記録しておくことによって，比較考察は緻密で証拠立てられたものになります。さらに，比較考察は，設計，介入，結果の間にある過程について理論的な分析を刺激します。もちろん，比較考察に役立つ事例を生み出すには，介入の修正の際に，どのように修正するか，できるだけきめ細かい議論をしておくことが不可欠です。修正を繰り返して生み出された多くの事例に対して，比較考察を行って，緻密な理論を生成していくやり方は，グラウンデッド・セオリーの継続的比較法と共通した考え方です。

なお，教育におけるデザイン実験では，しばしば，新しい指導法，教材，評価法，カリキュラム，ソフトウェア等の具体的な産物，いわゆる，アーティファクト（artifacts，人工物）を開発することになります。開発するだけでなく，その普及（dissemination）も研究活動の一環に含めている研究プロジェクトも多いです。というのは，研究開発の目的は教育現場での成果の活用であり，研究成果の効果的な普及の方法も研究の視野に入れなければ，活用されないままに終わってしまうからです。その場合，アーティファクトのどの部分が他のどういう領域で活用できるかという「移設可能性」（transportability）が問われます。たとえば，デザイン実験によってある学習ソフトウェアとそれを用いた教材が開発されたとき，それらがそれぞれどの学年のどの指導場面で，どのような使い方をすれば効果的なのか，問われるでしょう。これは，研究成果がどれくらい広く通用するかという，質的研究の「一般化可能性」の問題と同様に考えることができます。大がかりなデザイン実験では，指導原理，教材，学習ソフトウェア，カリキュラム，評価システム等々が同時に開発されるので，それら全体の移設可能性だけでなく，個々の「部品」―たとえば，学習ソフトウェアだけとか―についても独自に移設可能性を評価することは大切です。

アクション・リサーチは，実践の当事者の行う営みなので，もちろん学術的研究と同じ基準で評価するわけにはいきません。日本の教育における代表的なアクション・リサーチである「授業研究」を例に詳しく考えてみましょう。

「反省的実践家」（ショーン，2001）としての教師は，教育現場における日々の営みの中で自分たちの教育実践についての課題を見いだし，自分たちの授業，クラスまたは学校に限定して行われる研究活動に従事しています。日々の教育実践の中で膨大な観察とインタビュー・データ―その多くはインフォーマルなものですが―を経験の中に蓄積しており，それらを背景にして研究を営んでいます。授業研究は校内において，年間を通して継続的に行われる協同的研究活動であり，そのうち何度か「研究授業」という形で複数の教員による授業観察と検討会がもたれ，複数の教師や外部指導者によるトライアンギュレーションが行われます。教育実践へのこれら反省的な営みは，参与観察者による質的研究活動に相当し，妥当性を高める手立てが講じられていると考えられます（Bogdan & Biklen, 1992, pp. 215-223; Altrichter, Posch, & Somekh, 1993; Mason, 2002）。

授業研究は理論化や一般化をめざして実践されているわけではなく，教師たち自身の直面している事態をよりよく理解し，その改善を達成するだけで十分な価値を有し，その経験はそれに従事した教師たちにとって貴重な財産となります。しかし，この経験を広く他の教員―教育実践者のコミュニティ―の間で共有することは，同様の事態に直面している教員に役立つアイデアを提供することになります。実践研究は，個々の現場における膨大な「暗黙知」を背景に営まれるため，言語化されないままに遂行される部分が多いですが，他の学校や地域の教員と共有を図ることによって，言語化が促進され，実践者コミュニティの関心や基準を反映した形で理論化や一般化がうながされます。それらは，もちろん，実践に密着した表現で，実践的な文脈に限定されたローカルな理論化にとどまります。しかし，単なる授業研究の報告であっても，それを読んだり聞いたりする側は自分たちの授業実践に照らし合わせて「うちの学校と同じだ」「うちのクラスで試してみよう」というように一般性や転用可能性の検証を行うことになります。研究者コミュニティ向けの研究発表や論文とは異なる様式や基準ではあっても，一般化可能性を高める仕組みは同じです。ただし，研究者コミュニティでは，実践的でローカルな理論や理論的に新奇性のない実践はあまり評価されません。他方，実践者コミュニティでは，理論を実践に効果的に具体化すること，実践を共有すること，実践者の専門性を育てたりすることのほうが重要な価値をもっており，受け入れられる研究の基準が違ってきます。

●●● 参考文献 ●●●

秋田喜代美，& ルイス，C. C.（2008）．『授業の研究　教師の学習：レッスンスタディへのいざない』．明石書店.

Alasuutari, P. (1995). *Researching culture: Qualitative method and cultural studies*. London: Sage.

Altrichter, H., Posch, P., & Somekh, B. (1993). *Teachers investigate their work: An introduction to the methods of action research*. London: Routledge.

American Psychological Association (2001). *Publication Manual of the American Psychological Association* (5th ed.). Washington, DC: American Psychological Association.

APA（アメリカ心理学会）．（2004）．『APA 論文作成マニュアル 』（江藤裕之，前田樹海，田中建彦訳）．医学書院.

Argyris, C., & Schön, D. A. (1974). *Theory in practice*. San Francisco: Jossey-Bass Publishers.

ベネディクト，R.（1967）．『定訳 菊と刀（全）』（長谷川松治訳）．社会思想社.

ブルーマー，H.（1991）．『シンボリック相互作用論：パースペクティヴと方法』（後藤将之訳）．勁草書房.

Bogdan, R. C., & Biklen, S. K. (1992). *Qualitative research in education: An introduction to theory and methods*. Boston: Allyn and Bacon.

Brown, A. L. (1992). Design experiments: Theoretical and methodological challenges in creating complex interventions in classroom settings. *The Journal of the Learning Sciences, 2*(2), 141-178.

Campbell, D. T. (1979). "Degrees of freedom" and the case study. In T. D. Cook & C. S. Reichardt (Eds.), *Qualitative and quantitative methods in evaluation research* (pp. 49-67). Beverly Hills, CA: Sage.

Campbell, D. T., & Stanley, J. C. (1966). *Experimental and quasi-experimental designs for research*. Chicago: Rand-McNally. 初出は，1963 年：Experimental and quasi-experimental designs for research on teaching. In N. L. Gage (Ed.), *Handbook of research on teaching* (pp. 171-246). Chicago: Rand-McNally.

シャーマズ，K.（2008）．『グラウンデッド・セオリーの構築：社会構成主義からの挑戦』（抱井尚子・末田清子訳）．ナカニシヤ出版.

Cobb, P., Confrey, J., diSessa, A., Lehrer, R., & Schauble, L. (2003). Design experiments in educational research. *Educational Researcher, 32*(1), 9-13.

Collins, A., Joseph, D., & Bielaczyc, K. (2004). Design research: Theoretical and methodological issues. *The Journal of the Learning Sciences, 13*(1), 15-42.

Denzin, N. (1989). *The research act* (3rd ed.). Englewood Cliffs, NJ: Prentice Hall.

Edwards, D., & Mercer, N. (1987). *Common knowledge: The development of understanding in the classroom*. London: Routledge.

Elliott, J. (1985). Educational action research. In J. Nisbet, J. Megarry & S. Nisbet (Eds.), *World yearbook of education 1985: Research, policy and practice* (pp. 231-250). London: Kogan Page.

Ericsson, K. A., & Simon, H. A. (1993). *Protocol analysis: Verbal reports as data* (rev. ed.). Cambridge,

MA: The MIT Press.

Erlwanger, S. (1974). Case studies of children's conceptions of mathematics. *Dissertation Abstracts International, 35*, 712A. (University Microfilms No. 75-11, 653)

Ferrini-Mundy, J., & Schram, T. (1997). *The recognizing and recording reform in mathematics education project: Insights, issues, and implications* (JRME monograph No. 8). Reston, VA: National Council of Teachers of Mathematics.

藤澤伸介（2002）．『ごまかし勉強』（上・下）．新曜社．

学級経営研究会（2000）．学級経営をめぐる問題の現状とその対応：関係者間の信頼と連携による魅力ある学級づくり．文部省委嘱研究（平成 10・11 年度）『学級経営の充実に関する調査研究』（最終報告書）．

Geertz, C. (1973). *The Interpretation of cultures*. New York: Basic Books.

Ginsburg, H. P., Kossan, N. E., Schwartz, R., & Swanson, D. (1983). Protocol methods in research on mathematical thinking. In H. P. Ginsburg (Ed.), *The development of mathematical thinking*. New York: Academic Press.

グレイザー，B. G., & ストラウス，A. L.（1996）．『データ対話型理論の発見：調査からいかに理論をうみだすか』（後藤　隆・水野節夫・大出春江訳）　新曜社．（原書：Glaser, B. G., & Strauss, A. L. (1967). *The discovery of grounded theory: Strategies for qualitative research*. New York: Aldine.）

Hiebert, J., Gallimore, R., Garnier, H., Givvin, K. B., Hollingsworth, H., Jacobs, J., Chui, A., Wearne, D., Smith, M., Kerstling, N., Manaster, A., Tseng, E., Etterbeek, W., Manaster, C., Gonzales, P., & Stigler, J. (2003). *Teaching mathematics in seven countries: Results from the TIMSS 1999 video study*. Washington: National Center for Education Statistics.

Hoffer, A. (1983). Van Hiele-based research. In R. Lesh & M. Landau (Eds.), *Acquisition of mathematics concepts and processes* (pp. 205-227). New York: Academic Press.

池田　央（1971）．『行動科学の方法』．東京大学出版会．

Janesick, V. J. (1998). *"Stretching" exercises for qualitative researchers*. Thousand Oaks, CA: Sage.

苅谷剛彦・清水睦美・藤田武志・堀　健志・松田洋介・山田哲也（2008）．『杉並区立「和田中」の学校改革』．岩波書店．

川喜田二郎（1967）．『発想法：創造性開発のために』．中央公論社．

Kelly, A. E. (2003). Research as design. *Educational Researcher, 32*(1), 3-4.

Kelly, A. E., & Lesh, R. A. (Eds.) (2000). *Handbook of research design in mathematics and science education*. Mahwah, NJ: Lawrence Erlbaum Associates.

Kelly, A. E., Lesh, R. A., & Baek, J. Y. (Eds.). (2008). *Handbook of design research methods in education: Innovations in science, technology, engineering, and mathematics learning and teaching*. New York: Routledge.

Kilpatrick, J., Wirszup, I., Begle, E. G., & Wilson, J. W. (Eds.) (1975). *Soviet studies in the psychology of learning and teaching mathematics* (Vol. VII). University of Chicago.

木下康仁（1999）．『グラウンデッド・セオリー・アプローチ：質的実証研究の再生』．弘文堂．

木下康仁（2003）．『グラウンデッド・セオリー・アプローチの実践：質的研究への誘い』．弘文堂．

参考文献

木下康仁（2007）．『ライブ講義 M-GTA：実践的質的研究法　修正版グラウンデッド・セオリー・アプローチのすべて』．弘文堂．

Krueger, R. A. (1994). *Focus groups: A practical guide for applied research* (2nd ed.). Thousand Oaks, CA: Sage.

Lampert, M. (1990). When the problem is not the question and the solution is not the answer: Mathematical knowing and teaching. *American Educational Research Journal, 27*(1), 29-63.

Lampert, M., Rittenhouse, P., & Crumbaugh, C. (1996). Agreeing to disagree: Developing sociable mathematical discourse. In D. R. Olson & N. Torrance (Eds.), *Handbook of education and human development* (pp. 731-764). Malden, MA: Blackwell.

レイブ，J.（1995）．『日常生活の認知行動』（無藤 隆・中野 茂・山下清美訳）．新曜社．

LeCompte, M. D., & Preissle, J. (1993). *Ethnography and qualitative design in educational research* (2nd ed.). San Diego, CA: Academic Press.

Lincoln, Y. S., & Guba, E. G. (1985). *Naturalistic inquiry*. Beverly Hills, CA: Sage.

ロフランド，J., & ロフランド，L. H.（1997）．『社会状況の分析：質的観察と分析の方法』（進藤雄三・宝月誠訳）．恒星社厚生閣．

Mason, J. (2002). *Researching your own practice: The discipline of noticing*. London: Routledge Falmer.

Maxwell, J. A. (2002). Understanding and validity in qualitative research. In A. M. Huberman & M. B. Miles (Eds.), *The qualitative researcher's companion* (pp. 37-64). Thousand Oaks, CA: Sage.

Maxwell, J. A. (2004). Causal explanation, qualitative research, and scientific inquiry in education. *Educational Researcher, 33*(2), 2-11.

Mehan, H. (1979). *Learning lessons: Social organization in the classroom*. Cambridge, MA: Harvard University Press.

Mehan, H., & Wood, H. (1975). *The reality of ethnomethdology*. Malabar, FL: Robert E. Krieger Publishing.

Merriam, S. B. (2009). *Qualitative research: A guide to design and implementation*. San Francisco: Jossey-Bass.

Miles, M. B., & Huberman, A. M. (1994). *Qualitative data analysis* (2nd ed.). Thousand Oak, CA: Sage.

Millroy, W. L. (1992). *An ethnographic study of the mathematical ideas of a group of carpenters* (Journal for Research in Mathematics Education Monograph No. 5). Reston, VA: National Council of Teachers of Mathematics.

箕浦康子編 (1999).『フィールドワークの技法と実際:マイクロ･エスノグラフィー入門』．ミネルヴァ書房．

Morgan, D. L. (1988). *Focus groups as qualitative research*. Newbury Park, CA: Sage.

中原忠男（1995）．『算数・数学教育における構成的アプローチの研究』．聖文社．

Niss, M. (2006). *The concept and role of theory in mathematics education*. Paper presented at NORMA 05, Trondheim, Norway.

Patton, M. Q. (1990). *Qualitative evaluation and research methods* (2nd ed.). Newbury Park, CA:

Sage.

Pelto, P. J., & Pelto, G. H. (1978). *Anthropological research: The structure of inquiry* (2nd ed.). Cambridge: Cambridge University Press.

ポリア，G.（1954）．『いかにして問題をとくか』．丸善．

Rubin, H. J., & Rubin, I. S. (1995). *Qualitative interviewing: The art of hearing data.* Thousand Oaks, CA: Sage.

戈木クレイグヒル滋子（2005）．『質的研究方法ゼミナール：グラウンデッドセオリーアプローチを学ぶ』．医学書院．

戈木クレイグヒル滋子（2006）．『グラウンデッド・セオリー・アプローチ：理論を生みだすまで』．新曜社．

サイモン，H. A.（1969）．『システムの科学』（倉井武夫・稲葉元吉・矢矧晴一郎訳）．ダイヤモンド社．

三森ゆりか（2003）．『外国語を身につけるための日本語レッスン』．白水社．

佐藤郁哉（2002）．『フィールドワークの技法：問いを育てる，仮説をきたえる』．新曜社．

Saxe, G. B. (1988). Candy selling and math learning. *Educational Researcher, 17*(6), 14-21.

Schoenfeld, A. H. (1985). *Mathematical problem solving.* Orland, FL: Academic Press.

Schoenfeld, A. H. (1988). When good teaching leads to bad results: The disasters of "well-taught" mathematics courses. *Educational Psychologist, 23*(2), 145-166.

Schofield, J. W. (2002). Increasing the generalizability of qualitative research. In A. M. Huberman & M. B. Miles (Eds.), *The qualitative researcher's companion* (pp. 171-203). Thousand Oaks, CA: Sage.

ショーン，D. A.（2001）．『専門家の知恵：反省的実践家は行為しながら考える』（佐藤 学・秋田喜代美訳）．ゆみる出版．

Scriven, M. (1974). Maximizing the power of causal investigations: The modus operandi method. In W. J. Popham (Ed.), *Evaluation in education: Current applications* (pp. 68-84). Berkeley, CA: McCutchan.

Shore, B. (1996). *Culture in mind: Cognition, culture, and the problem of meaning.* New York: Oxford University Press.

志水宏吉（2008）．『公立学校の底力』．筑摩書房．

Silverman, D. (2000). *Doing qualitative research: A practical handbook.* London: Sage.

Simon, M. A. (2000). Research on the development of mathematics teachers: The teacher development experiment. In A. E. Kelly & R. A. Lesh (Eds.), *Handbook of research design in mathematics and science education* (pp. 335-359). Mahwah, NJ: Lawrence Erlbaum Associates.

Smith, L. M., & Geoffrey, W. (1968). *The complexities of an urban classroom: An analysis toward a general theory of teaching.* New York: Holt, Rinehart and Winston.

Spradley, J. P. (1979). *The ethnographic interview.* Fort Worth, TX: Holt, Rinehart and Winston.

Stake, R. E. (1995). *The art of case study research.* Thousand Oaks, CA: Sage.

Steffe, L. P., & Thompson, P. W. (2000). Teaching experiment methodology: Underlying principles and essential elements. In A. E. Kelly & R. A. Lesh (Eds.), *Handbook of research design in mathematics and science education* (pp. 267-306). Mahwah, NJ: Lawrence Erlbaum Associates.

参考文献

スティグラー，J. W., & ヒーバート，J.（2002）.『日本の算数・数学教育に学べ：米国が注目する jugyou kenkyuu』（湊 三郎訳）. 教育出版.

Strauss, A., & Corbin, J. (1998). *Basics of qualitative research: Techniques and procedures for developing grounded theory* (2nd ed.). Thousand Oaks, CA: Sage.

ストラウス，A., & コービン，J.（2004）.『質的研究の基礎:グラウンデッド・セオリーの技法と手順』（第2版）（操 華子・森岡 崇訳）. 医学書院.

Stringer, E. R. (2007). *Action research* (3rd ed.). Los Angeles: Sage.

Teppo, A. R. (Ed.) (1998). *Qualitative research methods in mathematics education* (JRME Monograph no. 9). Reston, VA: National Council of Teachers of Mathematics.

The Design-Based Research Collective (2003). Design-based research: An emerging paradigm for educational inquiry. *Educational Researcher, 32*(1), 5-8.

Thompson, P. (1979, March). *The constructivist teaching experiment in mathematics education research*. Paper presented at the Research Reporting Session, Annual Meeting of the National Council of Teachers of Mathematics, Boston.

Tinto, P. P. (1990). Students' views on learning proof in high school geometry: An analytic-inductive approach. *Dissertation Abstracts International, 51*, 1149A. (University Microfilms No. 90-26, 100)

Treisman, P. M. (1985). *A study of the mathematics performance of black students at the University of California, Berkeley*. Unpublished doctoral dissertation, University of California, Berkeley.

Usiskin, Z. (1982). *Van Hiele levels and achievement in secondary school geometry*. The University of Chicago.

van den Akker, J., Gravemeijer, K., McKenney, S., & Nieveen, N. (Eds.) (2006). *Educational design research*. London: Routledge.

van Hiele, P. (1986). *Structure and insight: A theory of mathematics education*. Orlando, FL: Academic Press.

Walkerdine, V. (1988). *The mastery of reason: Cognitive development and the production of rationality*. London: Routledge.

Whitehead, J., & McNiff, J. (2006). *Action research: Living theory*. London: Sage.

Wittmann, E. Ch. (1995). Mathematics education as a 'design science.' *Educational Studies in Mathematics, 29*, 355-374.

Wolcott, H. (1975). Criteria for an ethnographic approach to research in schools. *Human Organization, 34*(2), 111-127.

Wolcott, H. F. (1973/2003). *The man in the principal's office: An ethnography*. Walnut Creek, CA: AltaMira Press.

Wood, T., Cobb, P., Yackel, E., & Dillon, D. (1993). *Rethinking elementary school mathematics: Insights and issues* (JRME monograph No. 6). National Council of Teachers of Mathematics.

山際淳司（1985）.『スローカーブを，もう一球』. 角川書店.

Yin, R. K. (1994). *Case study research: Design and methods* (2nd ed.). Thousand Oaks, CA: Sage.

●●● 資　料 ●●●

中学校２年数学の授業ビデオについての初期のコーディングのサンプル

＊授業の国際比較研究 Learners' Perspective Study（日本側代表：清水美憲）の日本側データの一部を使わせていただきました。

観察ノート（ビデオ視聴記録）	初期コード
2:00　T，前回の DOEN の板書を再現する： ［黒板］ 5x + 2y = 9 …(1) -5x + 3y = 1 …(2) (1) を x について解いて x = (9-2y)/5 …(3) (3) を (1) に代入する 5((9-2y)/5) + 2y = 9 9-2y + 2y = 9 -2y + 2y = 9-9 0 = 0 (3) を (2) に代入する -5((9-2y)/5) + 3y = 1 -9 + 2y + 3y = 1 5y = 1 + 9 5y = 10 y = 2	
6:00　T：(1) を x について解いた式を (1) の式に代入すると当たり前の式が出てきた。しかも，x，y の値も求まらない。(2) に代入したら，x と y が見つかる。これはなぜだろね。	
Ss 反応なし。	
T：なぜ２番の式に代入すると x，y の値が求まるのか，そこを少し考えてもらおうかと思ったんだけど。	
Ss 反応なし。	
7:30　T，最初に連立方程式を扱ったときの話に戻るという。教科書の始めの「バスケットボール」の場面を開かせる。森選手が３点シュートと２点シュートを何回したかを調べる問題。	最初の問題への回帰 基点としての教科書

OC　学習のより所としての教科書。その授業はビデオに入っていないのを，どう方法論的に正当化するか。

9:40　T，教科書に連立方程式の解の意味についてなんて書いてあるか，聞く。

意味への回帰

T，生徒を指名する。T，教科書39ページにあるという。

11:40　指名された生徒が教科書の記述を，読みあげようとする。

12:30　T：2つの連立方程式に共通した答えは何かということを探そう，というのが連立方程式の答えです。つまり，ここでいうと，1番の二元一次方程式と2番の二元一次方程式の両方を満たすxとyの値をみつけよう，というのが連立方程式の解の求め方だよな。いいですか。という風に考えると，なんで2番だと答えが出て3番［1番？］だとでないのかわかりますか？

Ss反応なし。

T：なんで（1）に（3）代入して出ないのか，なんで（2）に代入すると，両方に共通した答えがでるのか。

OC「両方に共通した」と強調して，ヒントを出している。

Ss反応なし。

14:30　T：ちょっと難しかったかな。

教師の生徒把握（表明）

T，黒板にSsを向けさせる。

T，（3）を（1）に代入するやり方では，（1）の条件しか使っていない。（2）に代入するやり方は，（1）（2）の両方の式を満たす答えが得られる，という意味の説明をする。

17:00　T：もう少し関数にいったときに，もう少し話をした方がいいと思いますけれども。

18:00　T：両方に共通させるためには両方の方程式に共通した答えを出すためには，両方の情報をちゃんと入れてやらないとどうやら答えがでないようだよ。この話は保留にしよう。

課題を残す

T，生徒がもう少し連立方程式に慣れて，関数を勉強したときにもう少し話をしたいという。

OC　後のカリキュラムとの関連。

Tが生徒のアイデアを取り上げて，後のカリキュラムに関わる問題提起をしたが，生徒自身に説明させるには時期尚早だったと感じたのだろうか。それとも，考えさせるところに価値を見いだしているのか。前回のSsの会話では，「0＝0」という奇妙な式に関心が向いていた。ここまでのTの説明にはその問題に答えていない。また，式変形をしても解集合は不変であることに生徒は実感をもっているか？（3）は（1）と違う見かけをもつ式である。解集合も変わらない，と理解しているか？

18:40　T：2つあっても2つの方程式をうまくかみ合わせていかないと答えはでない。

SHII：なんで，最後，（1）だと0，0なるんですか

T：あ，これ？じゃあ，SHII，なんで？

SHII：いや，わかりません。［聞き取れない］

T：ゼロって，ないって意味ですか？ちょっとわからないんだけど。

T，（1）に（3）を代入して，「キャンセル」してなくなるところを黒板で確認する。

20:27　SHII：なぜそうなるか・・・

T：なぜそうなるか。

T，詳しく説明すると高校の知識がいるという。数学的に正しい式（「0＝0」や「9＝9」）が出てくることは，「数学的に等しい」ということを意味しているにすぎない，という。

> 課題を残す

OC　カリキュラムを越えて：高校の知識

・yの値を求めるために，代入したのに，yの値についての条件式（y＝・・・）がでてこないで，自明な式が出てくる。すなわち，これは，yはすべての値をとりうるのであって，特定の値にきまらない，ということを意味している。

24:30　T，教科書に戻り，問題は43ページ例1であることを確認し，SUZUの解き方をほとんどの生徒がしていて，KORIが違うやり方をしていた。KORIのやり方では2通り考えられるという。

> 教師の生徒把握（表明）

T：ただ，方程式のすごさというのは，出てきた，次数が1だった場合は，答えが1つしか出てこない。

> 数学の面白さ
> 寄り道のまとめ

OC　まとめ

ここで，２時間がかりの課題のまとめになる。方程式のすごさも，単元の始めに話題にしているらしい。単元の最初に話したことに戻ってしめくくっている。

26:00　T：話がだいぶ横道にそれてたんですけど，もう一回軌道修正してもどしていきます。

軌道修正：
最初のテーマに回帰

OC　軌道修正

教師の単元の予定を「軌道」として，ときどき「横道」にそれる。「横道」にそれる目的は何か？

T，教科書を読みながら，SUZU のやり方を振り返り，係数の絶対値が等しい場合の解き方を説明する。

21:40　T，p. 42 問２を見るように言う。(1)（2）のそれぞれについて，ｘ，ｙのどちらを先に消去するか，足すか引くか，を確認する。T，Ss に解くようにいう。

30:00 T，Ss の間を回りながら，

T：いまみんなは恐らく一番わかりやすい［聞き取れない］方法で導き出していると思うんだけれども，めんどくさい方法は，この問題を解くときはめんどくさいかもしれないけど，もしかすると後で役立つかもしれない。

教師の生徒把握 (表明)

寄り道の意味：
伏線をはる

OC　後日扱う方法への伏線

32:16　T，問題を板書する。

T，Ｓに（2）の解答を板書させる。

T，自分の計算に自信がない人は検算するようにという，検算について今日話をするという。

サブテーマ導入：検算

34:40　T，(1) の解答を別のＳに書かせる。

38:00　T，あるＳの所でずっと何か話している。

41:00　T，黒板に戻る。(1) の解答を説明する。

43:30　T，(2) の解答を説明する。

45:00　T，p. 45 練習１を見させて，「足したらいいか，引いたらいいか」聞く。

46:30　T：クイズじゃないんだよ。理由がわかってないと困る。

47:30　T，p. 47 を開かせる。基本の問題の１。「足すか引くか」を聞く。

48:00　T, p . 53 章問題１について「足すか引くか」を聞く。

T：ｘやｙの係数をみて，そこをみて，足すか引くをき

める，いいですか？

48:40　T：今日，検算のことをずっとやりたいんだといってて，そのままになっちゃった。これからちょっとやらなきゃ・・・

49:00　T，例だけ眺めるという。これは，KAWA が一番最初の連立方程式のとき聞いた問題を解決する方法を考えるのが次の授業であるという。

あすは検算について扱うという。中1のときの検算を思い出させる。

OC　トピック「検算」が多重の文脈に埋め込まれている

1．連立方程式の解決過程の一部としての検算：解は十分条件であることを確認する文脈（数学的必要性）

2．生徒が自分の計算に自信がない場合のチェックのために（エラー対策としての方法）

3．単元の始めに生徒「KAWA」が指摘した問題の解決のために（この特定のクラスにおける単元の展開との関連）

4．特定の生徒「KAWA」の指摘した問題をクラスの取り組む課題として授業のトピックに結びつける（生徒参加への教師の尊重）

5．中学校1年生のとき学習した一次方程式の解の検算の学習の延長として（前の学年のトピックとの関連）

このような多重の文脈の網の目を生みだしては，それぞれにうまくフィットするようにナビゲートしていく教授学的センスに,「よい教師」の資質を感じる。

生徒の問題提起

以前の学年の学習を参照

多重文脈への埋め込み

T，一次方程式 $5x + 3 = 6$ を解く。中一で検算の話をしているという。

T：検算どうしたかな？

Ss：代入。

T：どう代入したかな？ それをあす調べてみます。

チャイム。

●●● 人名索引 ●●●

●●● 事項索引 ●●●

● 著者紹介

関口靖広（せきぐち・やすひろ）

1957 年　茨城県に生まれる

1983 年　筑波大学大学院修士課程教育研究科（数学教育コース）修了

1991 年　米国ジョージア大学大学院博士課程（数学教育専攻）修了

現　在　山口大学教育学部教授（教育学博士）

【主著・論文】

An investigation on proofs and refutations in the mathematics classroom. 博士論文，The University of Georgia, 1991 年

「数学の教授・学習過程における Scaffolding（足場設定）」古藤怜先生古稀記念論文集編集委員会編『学校数学の改善：Do Math の指導と学習』（pp. 166-182），東洋館出版社，1995 年

「学校数学と教室文化」日本数学教育学会編『学校数学の授業構成を問い直す』（日数教 Yearbook 第 3 号）（pp. 19-32），産業図書，1997 年

Mathematical norms in Japanese mathematics lessons. In D. Clarke, C. Keitel, & Y. Shimizu (Eds.), *Mathematics classrooms in twelve countries: The insider's perspective* (pp. 289-306), Sense Publishers, 2006 年

「研究方法論」日本数学教育学会編『数学教育学研究ハンドブック』（pp. 9-15），東洋館出版社，2010 年

『授業を科学する：数学の授業への新しいアプローチ』（清水美憲編，分担執筆），学文社，2010 年

教育研究のための質的研究法講座

2013年7月20日　初版第1刷発行
2016年2月20日　初版第2刷発行

定価はカバーに表示してあります。

著　者　関口靖広
発行所　㈱北大路書房
〒603-8303　京都市北区紫野十二坊町12-8
電　話　(075) 431-0361㈹
FAX　(075) 431-9393
振　替　01050-4-2083

制作／T.M.H.　印刷・製本／亜細亜印刷㈱
検印省略　落丁・乱丁本はお取り替えいたします。
ISBN978-4-7628-2809-6　Printed in Japan